思うままに楽しむ

DIYを生かした小さな庭づくり

監修

有福 創

成美堂出版

Contents

Part 3

Part 4

DIY

Introduction

DIYを取り入れたお庭で豊かな人生を楽しみませんか？

たとえば庭にフェンスをつくるだけでプライベートな空間となり、庭に新たな価値が生まれます。ウッドデッキやベンチをつくることで、風を感じる居心地のいい場所が生まれ、読書やブランチなどを楽しめるようになります。

既製品を集めた庭とは違い、自分でつくると色の統一や調和をとりやすく、庭の形にあったサイズも自由自在。たとえ失敗してもつくり直すことができますし、時と共につくり変えてどんどん進化させていくこともできます。

春や秋の心地良い日に、好み通りにできあがった庭でペットと遊んだり、友だちとティータイムを楽しんだり。冬の陽だまりで庭を眺めながら春に植える植物を計画するのも楽しいひとときですし、たまには夜キャンドルの灯りで、夫婦でホットワインを楽しんでみてはいかがでしょう。

本書ではDIYガーデニングのための失敗しにくいデザインのコツも掲載しています。まずは小さなベンチ1つからでも、自分の手でつくって楽しんでみてください。DIYガーデニングは、きっとあなたの人生を豊かにしてくれます！

有福 創

バスストップ型の
小さなパーゴラは
目隠しの役目もはたし
庭のポイントにも

初心者でも無理なく
つくれるDIYの台を
庭のアクセントに

DIYを取り入れると こんな素敵なガーデンが

庭づくりにDIYを取り入れると、
個性を生かせる素敵な空間が生まれます。
小さいものから始めて、徐々に大きなものまで。
自分の手で思いを形にして、
ガーデンライフを楽しみませんか？

構造物を利用すると
植物を立体的に
楽しめる

小さなスペースに
あえて棚を置き
魅力的な
フロントガーデンに

DIY

フェンス＋棚で
“飾る”楽しさを満喫
GARDEN
YOU CAN VISIT
ANYTIME!
9

持っていたいDIY用の道具類

DIYを始めるに当たって、できれば揃えておきたい道具類です。
電動工具類は、まずはホームセンターのレンタルを利用してもよいでしょう。

計測に必要な道具

寸法を計測したり水平を測り目印をつけるのは、DIYの基本の作業。
丸ノコガイド定規は丸ノコを持っている人向きですが
それ以外は、最低限揃えておきたい道具です。

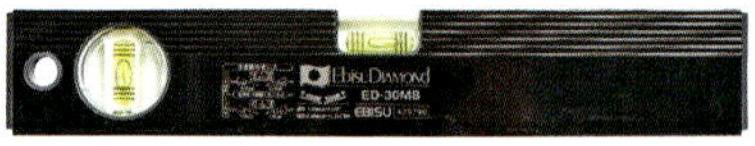

水平器

フェンスやデッキ製作などの際、水平器で水平を測るのは鉄則。いろいろなサイズのものがありますが、45㎝ぐらいのものが使い勝手がいいようです。

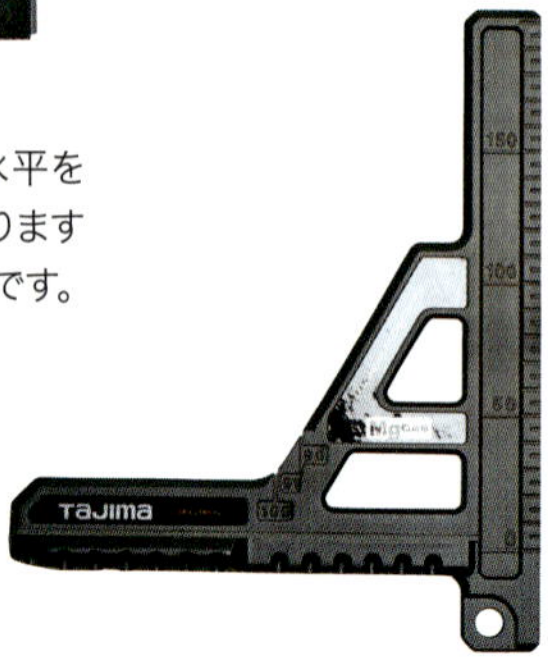

丸ノコガイド定規

丸ノコで木材を切る際、丸ノコガイド定規を当てると、切断の精度が上がります。

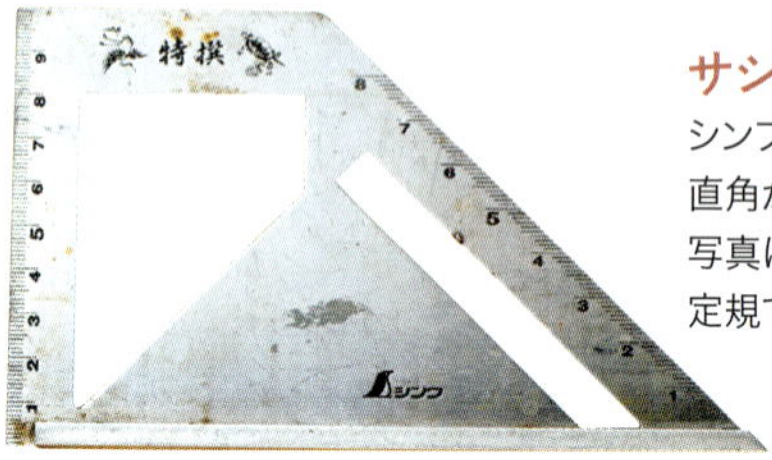

サシガネ

シンプルなL字形のものでいいので、直角がわかる定規はDIYの必需品。写真は「スコヤ」と呼ばれるプロ用の定規です。

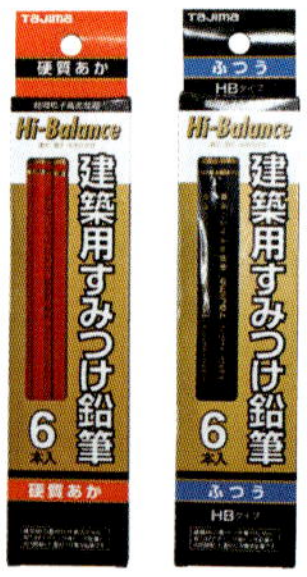

建築用鉛筆

木材やコンクリートに印をつける際に便利な鉛筆。普通の赤鉛筆などより芯が滑らかで、濃く描くことができます。

メジャー

2m、5mなどさまざまな長さのものがあります。ガーデニングDIYは屋外で使うことも多いので、さびにくいステンレス製がお勧め。

‘切る’‘曲げる’道具

木材を切断するのに、ノコギリ類は欠かせない道具。
初心者は電動の丸ノコを使うのがちょっと不安かもしれませんが
効率よく作業ができるので、慣れると便利です。

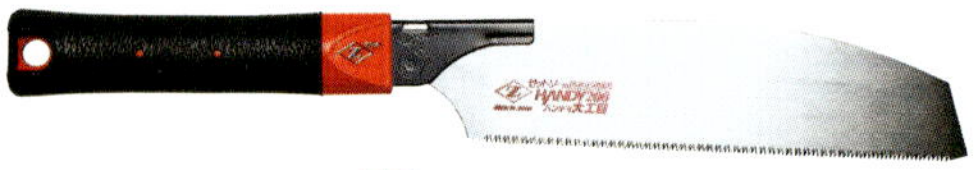

ノコギリ

片刃と両刃のものがありますが、初心者は片刃が使いやすいようです。

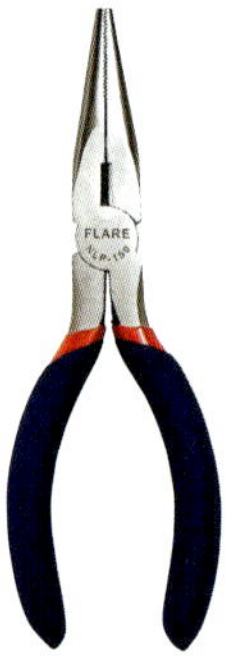

ラジオペンチ

小ぶりなタイプで、細かい作業をするのに向いています。

カッター

紙を切るものより刃の厚いタイプがお勧め。
薄手のベニヤ板を切ることもできます。

ジグソー

電動ノコギリの一種。歯が細く、切り進みながら自由に向きが変えられるので、曲線や繊細な線を切るのに向いています。

丸ノコ

丸い歯を回転させて木材を切る電動工具。切断に時間がかからず、切断面が滑らかにカットできます。ホームセンターなどで木材のカットサービスを利用する場合は、持っていなくても大丈夫です。

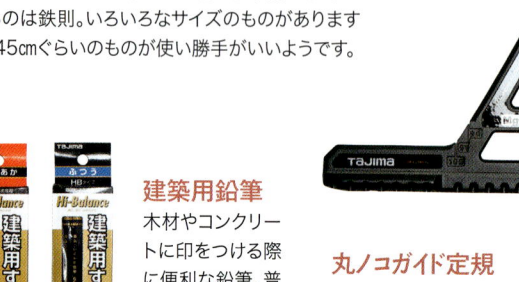

‘打つ’‘留める’道具

インパクトドライバーとドライバドリルは、どちらか1つ持っていれば大丈夫です。大量にビスを打つ際や長いビスに便利なのは、パワーがあるインパクトドライバー。女性には、軽くて衝撃の少ないドライバドリルが使いやすいかもしれません。

ドライバー
ビスを締めたり、ゆるめるのに使います。電動工具を持っていても、ちょっとした時に重宝なので揃えておいたほうがいいでしょう。

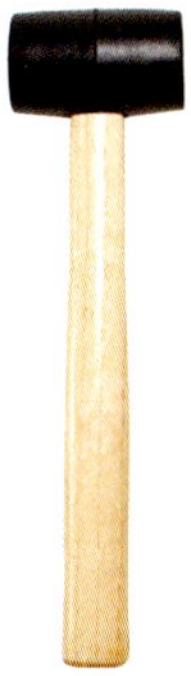

ゴムハンマー
レンガを積む場合や、アプローチにピンコロ石などを敷く際に使います。

作業用手袋は必需品
作業中の怪我を防ぐため、必ず手袋をしましょう。軍手は布を通して怪我をすることがあるので、DIY用の丈夫なものがお勧めです。

ドライバドリル
穴空けとビス打ちに使う道具。先端につけるドリルビットの種類により、さまざまな作業ができます。

インパクトドライバー
ハンマー機能を内蔵し、打ちつけながら締めるので、長いビスも簡単に打てます。ドリルビットの種類により、さまざまな作業ができます。

ガーデンづくりに持っていると便利な道具類

庭の整地や植物の植えつけ、手入れに欠かせない、基本の道具類を集めました。
できれば最低限、このくらいは揃えておきましょう。

ガーデンレーキ
落ち葉の清掃や、芝刈りをしたあとの芝を取り除くのに便利です。

移植ゴテ
草花の植えつけや植え替えのための必需品。

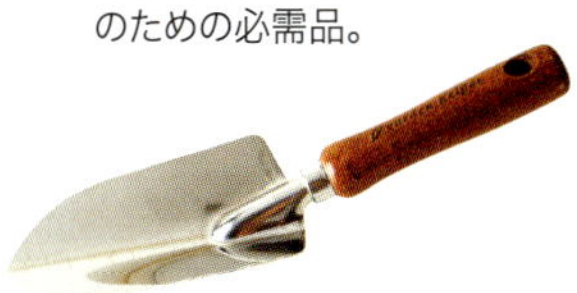

園芸用ノコギリ
樹木のやや太い枝など、剪定バサミでは切れない枝を切るのに便利。

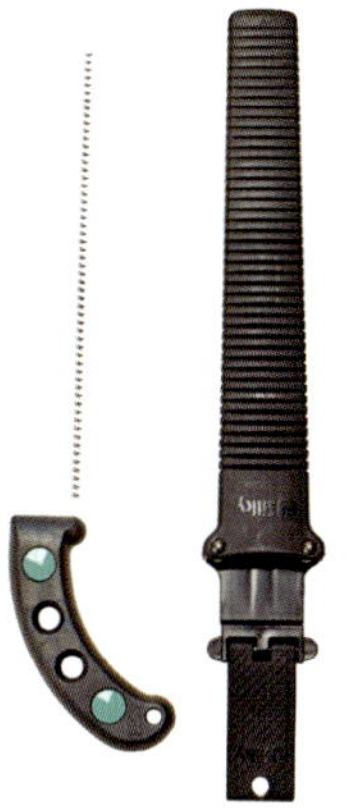

刈り込みバサミ
生垣や低木などを刈りこみ、樹形を整えるためのハサミ。

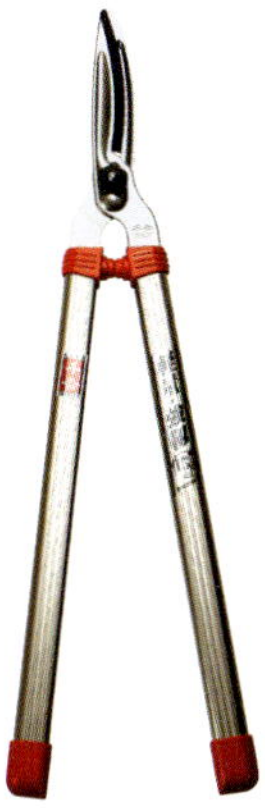

三角手鍬
固い土を掘り起こす際に便利な鍬。先端が尖っているので、効率よく掘ることができます。

ホースリール
ホースをコンパクトに収納するリール。デザイン性の高いものは庭のアクセントにも。

シャベル
植穴を掘ったり、モルタルや堆肥などを別の場所に移動させるために使います。

剪定バサミ
小枝を切るためのハサミ。バラの剪定や低木の枝すきなどに欠かせません。

園芸バサミ
花がら切りや草花の切り戻しなど、日常的に使います。刃の幅が狭いので、繊細な作業向き。

ガーデン向きの木材

ガーデニングDIYに使う木材の条件は、屋外で使用するので、ある程度耐久性があり、素人でも扱いやすいこと。ここでは本書に登場する木材について説明します。

角材

切り口が正方形、もしくは正方形に近い形の木材。メートル法に基づくものと、ツーバイ材と併用しやすい規格のものがあります。

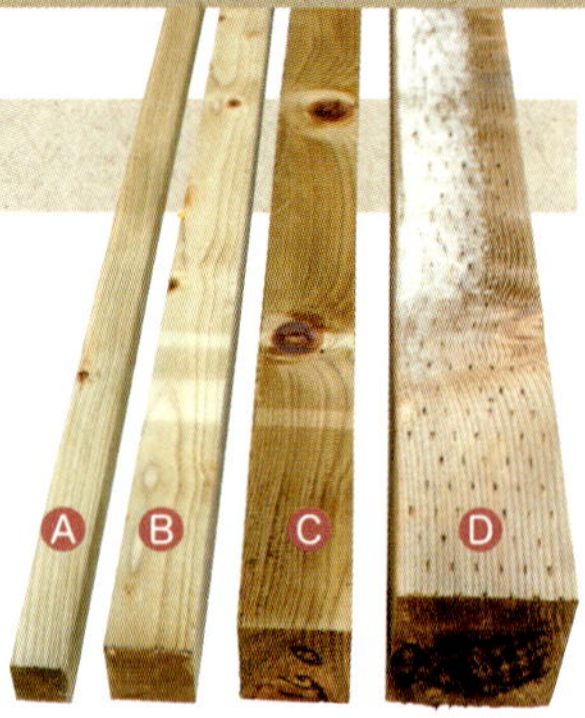

Ⓐ 30×30㎜　Ⓑ 45×45㎜
Ⓒ 60×60㎜　Ⓓ 90×90㎜

ガーデン向きの木材

フェンスやウッドデッキは風雨にさらされるため、腐りにくいことが大事な条件。なるべく次の木材から選ぶようにしましょう。

ハードウッド

耐久性が高く無塗装でも何年も持つのでデッキに最適。やや高価で、堅くて重いので作業がしにくいのが難点です。写真は東南アジア産のウリン。

人工木材（樹脂木材）

樹脂と木粉を混ぜ合わせて成形した人工の木材。腐る心配がないので、デッキでよく使われます。

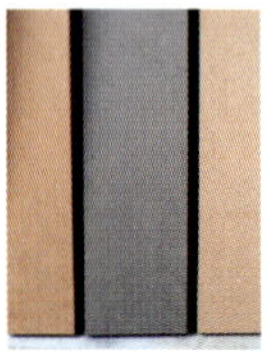

ACQ 防腐木材

防腐防蟻材を、ACQ加圧注入という方法で注入した木材。元となる木がSPF材であることが多いのであまり堅くなく、初心者でも楽に扱えます。

ツーバイ（2×）材

2×材とは、インチ単位で規格を表わす木材のグループです。1インチは25.4㎜ですが、乾燥による縮みも考慮され、実際はこれよりも小さくなります。長さはフィートで表わされます。材質は北米の常緑針葉樹3種の頭文字がついたSPF材が一般的ですが、ガーデニングDIYで使用する場合は塗装するか、防腐剤が注入された材を使用しましょう。

Ⓐ 1×4　Ⓑ 2×4
Ⓒ 1×6　Ⓓ 2×6

2×《ツーバイ》材のサイズ

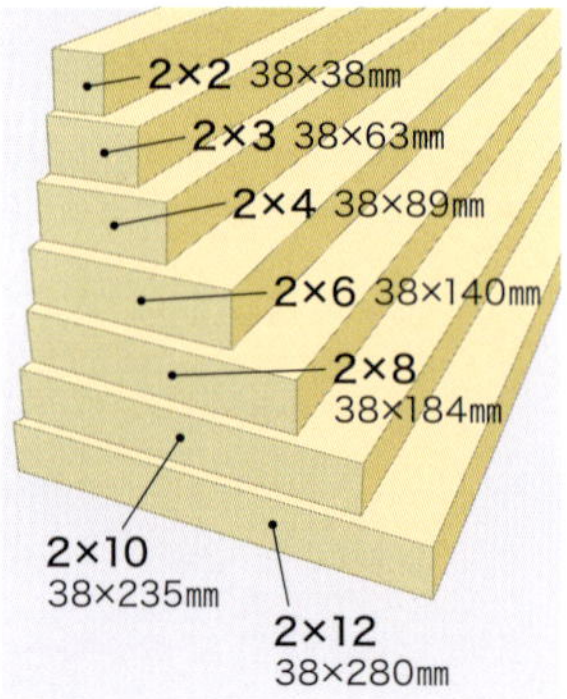

1×《ワンバイ》材のサイズ

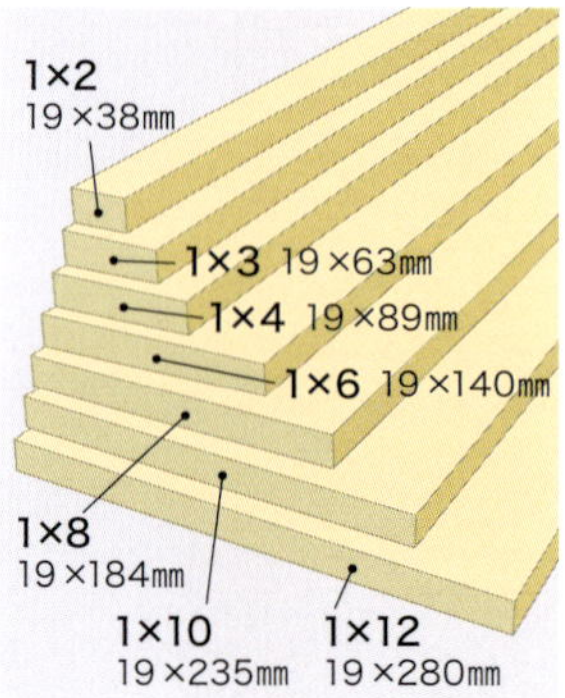

利用したい ホームセンターのサービス

ホームセンターによっては、木材を希望のサイズにカットするサービス、電動工具類の貸し出し、軽トラックのレンタル、配送サービスなど、さまざまな無料・有料サービスがあります。木材を長いまま購入すると運搬や搬入が大変、切断するスペースがない、自分で切るのが心配といった方は、カットサービスを利用してみては？

ドイトは道具類から材料まで、DIYに関するあらゆるものを扱っているホームセンター。園芸専門店ドイト花ノ木は、植物の苗のほか、ペイビング材などガーデニングDIY素材も充実しています。（写真右上：ドイト与野店、右下、左：ドイト花ノ木与野店）

〈取材協力〉
ドイト与野店
さいたま市中央区円阿弥1-1-3
ドイト花ノ木与野店
さいたま市中央区八王子1-6-18

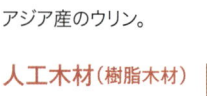

Part 1

［訪問編］

DIYガーデナーのアイデアを学ぶ

DIYを生かした３つの庭を、有福先生が訪問。
プロの視点からの感想や分析を、ぜひ庭づくりの参考にしてください。
庭のつくり手によるDIYのアイデアもご紹介します。

3年前

A 家の裏の小スペース進化の歴史

15年前、擁壁にトレリスを立てかけるところからスタート。バラのパーゴラを経て、3年前にDIY空間が完成。現在、全面リニューアルしてp13の空間に進化。

10年前

15年前

橋本景子さん

DIYで進化し続ける 厳しい条件の小さな庭

傾斜地を造成した橋本邸の敷地は、玄関側と家の裏側で高低差があり
庭らしい庭をつくるスペースがほとんどありません。
擁壁下の小さな裏庭スペースは西日が当たり、道路や他の家が丸見え。
そんな厳しい条件を逆手にとり、DIYを駆使して
世界観を凝縮させた美しい空間を実現させました。

C, D 道路から丸見えの階段をプライベート感のある空間に

砂利が敷いてあった階段は土を入れ替えてレンガを敷き、両脇を植栽スペースに。階段下にはレンガを積んで高さを出した花壇(レイズドベッド)を、突き当たりは目隠しのフェンスを設置。

現在

15年前

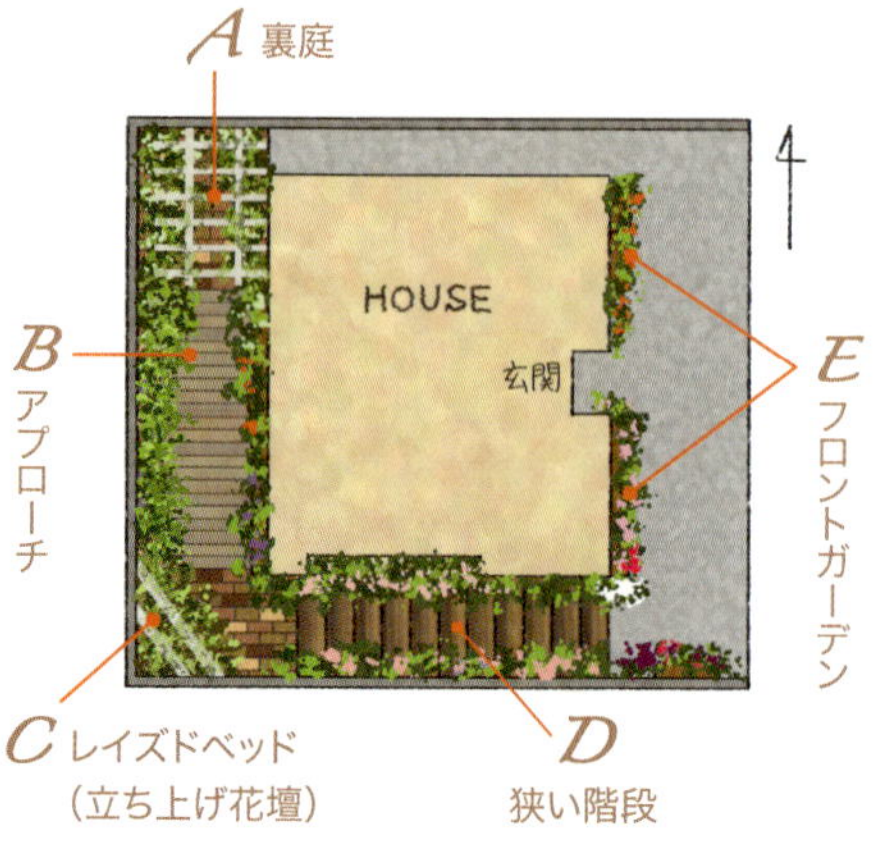

現在

(右)壁につるバラやクレマチスを誘引。足元にはカラーリーフを。(上)土留めストッパーを刺し、コッツウォルズストーンを積んだレイズドベッド。(下)フェンスには小物をぶら下げて。

E

わずかな土を利用し立体的で楽しいフロントガーデンに

家屋沿いとフェンス沿いの狭い植栽エリアは
高さを上げて土の量をふやし
つるバラを誘引して立体的に活用。
玄関脇は棚を設置し、ディスプレイの場に。

(右)アンティークのブリキの容器に小さな鉢や小物を。
(左)多肉植物を使った立体感のある寄せ植え。

鉢や道具類の収納も兼ねた棚は、階段に合わせて脚の長さを調整。つるバラやクレマチスを誘引できるよう、壁に横木を渡している。

下から見上げたところ。アーチにはつるバラを誘引。

（右）大きさと色の違うレンガを、階段の真ん中部分に敷いてアクセントに。（中）斑入り葉や明るい黄緑色の葉が、暗くなりがちな階段に明るさを添える。

D

フェンスと美しいリーフで 階段を小宇宙のように

隣家との境目のネットやコンクリートの壁は
DIYのフェンスで目隠しを。階段の両側に
半日陰に強いリーフ類を植え、みずみずしいシーンに。

ルーバーを利用して室外機を隠す

エアコンの室外機カバーは、市販のルーバーを利用して製作。フェンスと色を合わせることで空間に統一感が生まれる。

階段を降りたコーナーのレイズドベッド。

C

半日陰のコーナーにレイズドベッドを

狭い花壇は高さを出すことで、土の量を確保でき、風通しも改善されます。
角を表に出すレンガの積み方が、アクセントになっています。

最初から100点を目指さない

有福　新築時にこの家まわりを見て、こういう庭を考えつく人はまずいないでしょう。イメージ力がすごい。

橋本　何段階も経て、徐々にこうなりました。

有福　最初から100点を目指さず、少しずつよくしていこうという発想がポイントですね。階段は、プロなら全部レンガ敷きにすることを提案しがち。でも真ん中だけちょっと敷いたことでかわいさもでるし、両側にこれだけ植物も植えられる。そもそもこれだけ狭い階段を庭にするなんて、普通は思いつかない。

橋本　狭いところは幅80㎝くらいなので、私も最初は無理かと思いました。全部粘土でその上に砂利が乗っていたので、掘って土を入れ替えるのが大変。葉が魅力的な植物が好きなので、半日陰に耐えるリーフ類を中心に植えています。

仲間がいたから ここまでできた 裏庭スペース 大変身!

裏庭スペースのリニューアルは、つるバラの誘引の適期、冬に行うことに。
18ページからご紹介する齋藤京子さんと一緒に取り組みました。
柱立てや梁を渡す作業も、仲間がいれば、はかどります。
解体した木材は塗り直して、フェンスなどに再利用しました。

設計図とも呼べないような大雑把な図。あとは現場で、勘を頼りにアバウトに。

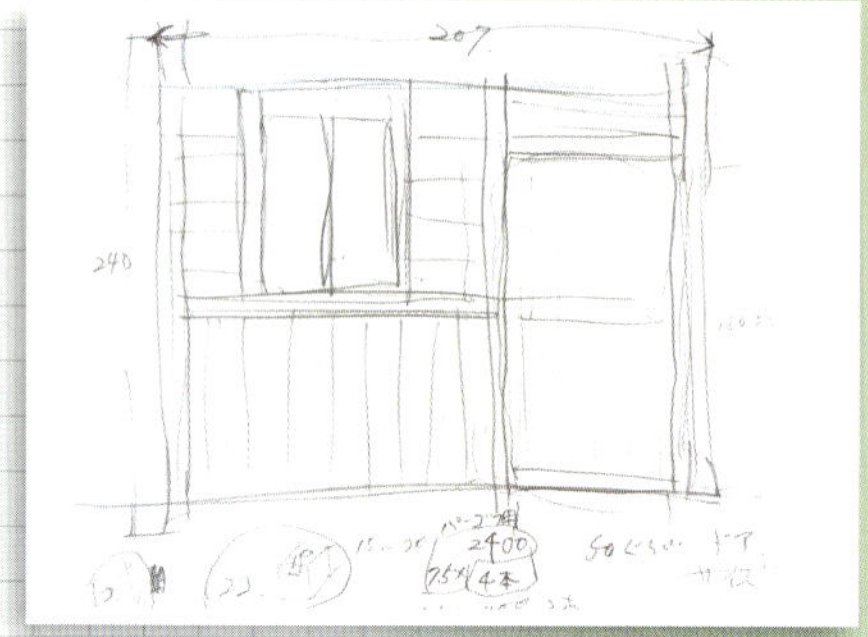

3年前に完成のパティオ風空間。経年で少々くたびれた感じに。

Start!

1 以前の板壁をほぼ撤去したところ。バラはそのまま残している。

2 柱を立て、パーゴラの枠に当たる部分を設置。

3 腰板を並べて張ったところ。

4 窓枠と棚を設置。この後、アンティークの窓をはめこむ。

5 上から見たところ。つるバラが誘引できるよう、天井部分に木を渡してある。

6 擁壁前のフェンスは、塗り直した古材を再利用。バラの誘引も完了。

できあがり

(右)レンガは厚みが違うので、基礎で調整。海外のお土産も埋め込んだ。(左)擁壁沿いは細長い植栽エリアに。

B

アプローチがワクワク感を演出

アプローチは板をデッキ風に並べて。外側に植栽スペースを設けコンクリート部分に植物を這わせることでナチュラルな雰囲気に。

A

アプローチの先に思いがけない隠れ家風ガーデン

アプローチを進むと、奥にプライベート感のある裏庭が。突き当たりを造作物でふさいでいるので、隣家や道路など余計なものが視界に入ってきません。

環境に合う植物を探しながら

風通しが悪く西日も当たるので、植物にとっては過酷な場所。淘汰を見越して種類を多めに植えて、環境に合った植物を探している。

狭さを逆手にとって世界観を

有福　土が少ないのに、植物が元気に育っていますね。

橋本　裏の通路は西日ががんがん当たるし、階段付近は日照が足りない。淘汰されていく植物もありますが、それでいいと思っています。

有福　そこも大事なポイントですね。植えて試行錯誤するのが一番です。

橋本　擁壁沿いのフェンスの木材は再利用なので、太さもバラバラです。

有福　色で統一感がでているので、サイズがランダムでもかまわないし、それがかえって個性になる。床もさまざまなレンガや床材ではないものも埋めこんでいるのがきいています。

橋本　出発は「もったいない」精神。あるものを使おう、という感じです。

有福　狭いからこそ、細部まで世界観がつくりやすい。またDIYだと、場所に合わせて自由な発想でものをつくれます。厳しい環境条件をプラスに変えているところがすばらしいですね。

齋藤京子さん

和風の庭から出発し

“隠しながら見せる”庭に

和風の庭を少しずつリニューアルし、19年かけて今の姿に。
庭全体の色彩の統一感にこだわり
ＤＩＹと植物、アンティークの小物などが調和した
オリジナリティあふれる庭となりました。
ＤＩＹガーデナーの仲間たちの協力も得て、
今も現在進行中で庭づくりを続けています。

（左）フェンスと物置に囲まれた一角。ベンチや椅子も同じ色に塗り、統一感を。（下右）‘ロサ・レイラニ’が咲いたところ。（下中）アプローチの上部も一部パーゴラに。咲いているのは‘コーネリア’。

A, C

構造物も花も色数を抑えて落ち着きのある庭に

DIYの構造物は、家屋まわりは白、
フェンスなど庭のまわりは深緑色の２色に限定。
花は白とブルーを中心に、淡いピンクなど。
色にこだわることで、庭全体のトーンが統一されます。

市販の物置にひと手間かけて

金属製の物置はフェンスと同色に塗り、戸袋に白い板とフェイクの窓を設置。物置とフェンスの間ははしごなどを収納するスペースに。

つくり直すことを楽しむ

有福　DIY歴は長いんですか？

齋藤　室内のDIYを始めたのが40年前。19年前に親の家だったここに引っ越してきてから、庭をつくり続けています。和風の庭でしたので、梅と藤と紅葉以外は抜いて。木の破片や安いレンガを並べて通路をつくるところから始めて、通路と通路の間に植物を植えていきました。

有福　まず通路をつくるというのは、いいやり方です。ゾーン分けをせずに草花を植えたり、いきなり花壇をつくると、あとで困ることが多い。

齋藤　DIYは「隣との境のネットを隠したい」から始まり、「これが隠したいからつくる」が基本です。あまり造作物が多くなりすぎると、圧迫感があるので。

有福　DIYと植物が一体となって、統一されたトーンがありますね。ところどころにある黒葉や赤紫の葉の植物が、風景を引き締めている。

齋藤　葉の美しい植物が好きで、大きな花の植物は植えません。紫陽花は小さな花の集合体だから取り入れていますが。

有福　ペイビングにいろいろなレンガが混ざっているのも魅力的ですね。

齋藤　友だちの庭で余ったものを、融通しあっています。DIYに関しては、時々つくり直したくなるから、「適当につくる」ようにしています。直しやすいようモルタルも使いません。庭は私にとって、永遠にゲームセットのない遊びアイテムですから。

戸袋カバーは屏風型で倒れにくいので、柱に留めてあるだけ。家屋には釘を打っていない。吊るすための金具にもこだわり、シーンをつくっている。

B
戸袋を隠してデッキを飾りがいのある空間に

リビングルームから続くウッドデッキは、白が基調。
雨戸の戸袋は杉板を張り合わせたもので隠し、
“飾って見せる場”に変身させました。

（下）アンティークの金具を、ベランダの柱の装飾に利用。（左）鉢カバーやベンチも白で統一。

D 植物を引きたてるさまざまなアプローチ

レンガの敷き方を変えることで、
さまざまなニュアンスのアプローチが。
タイルや小石など多様なペイビング（舗装）材が
庭のアクセントになっています。

（右上）多種多様なレンガで楽しい雰囲気に。（右中）方形石材とレンガ、レッドロック砂利で力強さを演出。（右下）羅針盤をかたどったペイビング。（上）縦に並べたレンガをカーブさせ遠近感を強調。

20年前

アプローチから庭づくりをスタート

砂や瓦礫まじりだったので、まずは瓦礫の撤去をし、レンガとテラコッタチップでアプローチをつくるところからスタート。隣家との境目には、とりあえず市販のトレリスを設置。19年かけて今の姿に。

E 道路に面した空間は季節の花と雑貨をディスプレイ

塀がないため、家屋の壁はフェンスで隠して、つるバラを誘引。
道行く人に楽しんでもらうため、棚やテーブルには、
季節の花や小物を飾っています。

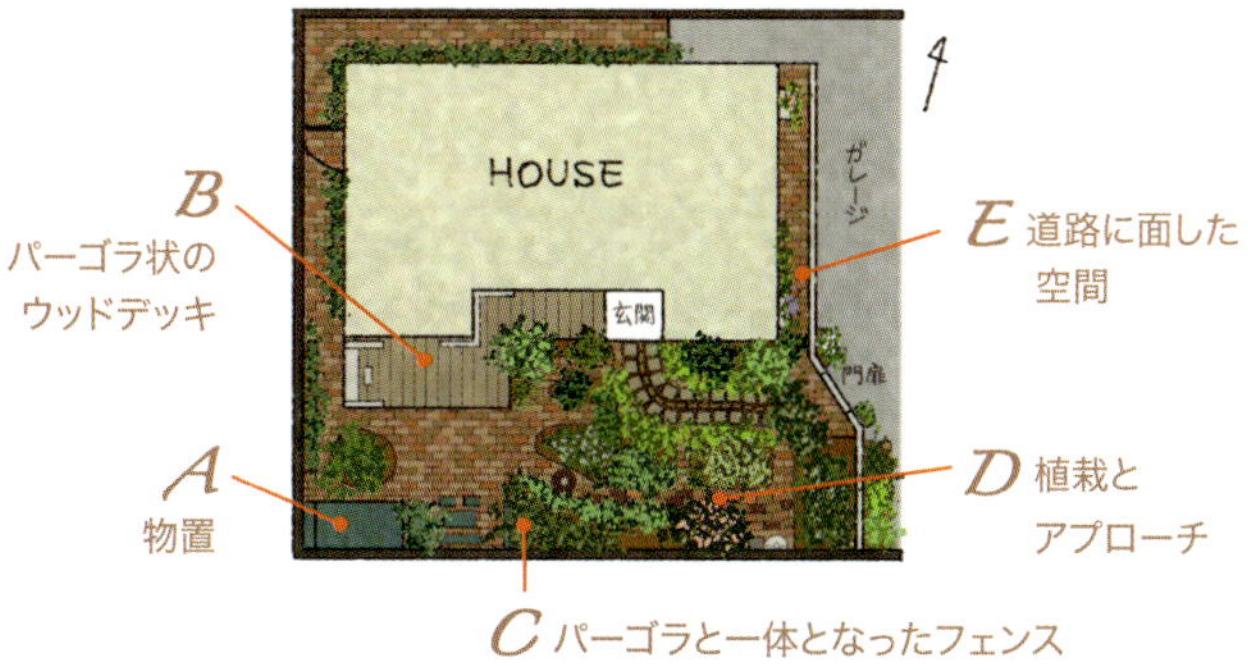

(右)ベンチ型のプランター。直植えしても、ポット苗を差し込んでも使える。(下右)‘ギスレーヌ・ドゥ・フェリゴンド’が咲いたところ。(下左)ブリキの器に多肉植物を寄せ植え。(左)フェンスはあえて板の高さを変えてナチュラル感を演出。

室外機カバーを兼ねた飾り棚。フェイクのひきだしがアクセントに。

LESSON 1

橋本さんと齋藤さんから教わる
小さなフロントガーデン

風景に立体感を持たせるため、窓枠と壁の色に合わせた棚を２つ設置。
既存の植物にローメンテナンスのリーフ類を植え足し、見違えるような風景に。

木材　Ⓐ天板……2×4材　900㎜×6本
Ⓑ脚………30×40㎜角材　100㎜×6本
Ⓒフェイクひきだし……1×4材　900㎜×2本
Ⓓ棚板……1×4材　850㎜×4本
Ⓔ棚やひきだしを支える垂木……30×40㎜角材　23㎜×8本

［用意するもの］

道具類
丸ノコ、インパクトドライバー、
金切りバサミ、カナヅチ
（ほかにサシガネ、メジャーなど）

天板に張るトタン板

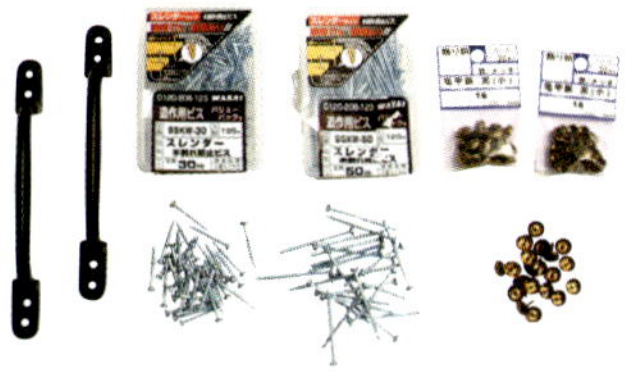

金具類
釘、飾り鋲、スレンダービス50㎜・30㎜、
フェイクひきだしにつける取っ手

塗料等
トタンに塗る下地、
トタンに塗る水性塗料、
木部用の水性塗料

［準備］

木材に色を塗る
写真のように並べて塗ると、効率よく短時間で塗ることができる。

木材を切る
できあがりのサイズに切り、小口に塗料を塗る。

天板にトタンを張る

テーブル型の棚は天板にトタンを張ることで、雨水による腐食を防げ、長持ちします。飾り鋲を打つと、デザイン的にアクセントになります。

天板用の木材を3本並べて、裏から垂木をビスで取りつける。

天板に合わせてトタン板を折りこむ準備。添え木などを当てて直角のクセをつける。

しっかりと直角に折り曲げ、釘を打つ。

逆側も直角に曲げ、飾り鋲を打つ場所に印をつけていく。

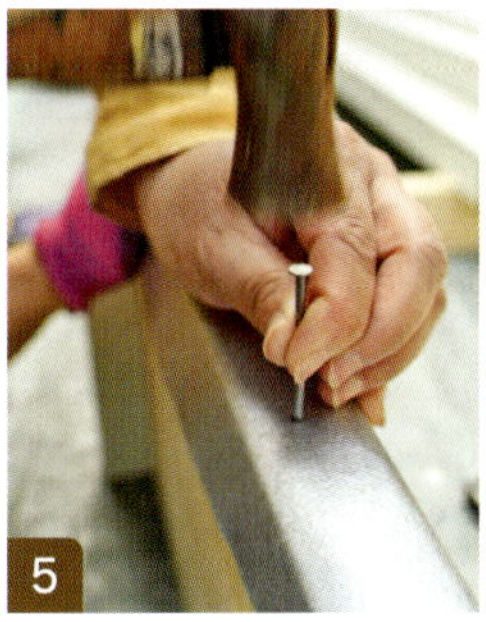

飾り鋲を打つために、釘で穴を開けておく。

飾り鋲を打ち、トタンと鋲に下地を塗ってから色を塗る。

組み立てと設置

最後の組み立ては現地で行うことに。設置場所はあらかじめ、土を平らにしておきましょう。

脚用の木材2本に垂木を渡し、脚をつくる。

天板と脚、棚板などのパーツを合体。

天板と脚の継ぎ目に垂木を渡し、フェイクのひきだしをつける。

ひきだしに取っ手をつけて完成。

設置する場所を整地し、脚が乗る部分にレンガを敷く。水平器で水平を確認。

脚をレンガに乗せ、水平器で確かめながら高さを調整。

設置完了

飾り棚をつくる

テーブル型の棚の隣りに、鉢や小物を飾るための棚を設置。全体のバランスを考えて、高さは窓の上の線より低くしました。

脚の部分を組み立ててから設置。

脚に打ちつけた4本の垂木を利用して、横木をビスで固定する。

天板を打ちつけた後、前面の飾り板を打ちつける。上部の棚板を取りつけ完成。

端材で目隠しを

隣家との境目が気になるので、余った木材や廃材などで急きょ目隠しを作成。ざっくりしたものでも、置くとイメージが変わります。

テイストをつくるコツ

飾り棚にどんな小物や植物を置くかによって、シーンの印象を変えることができます。
テイストの違いをどう出すのか、橋本さんと齋藤さんにコツを教わりました。

エレガントな雰囲気に

アンティークの鳥かご風鉢カバーやブリキの小さなジョウロに活けたバラが、エレガントな雰囲気を演出。やさしい花色の寄せ植えで季節感を表現するといいでしょう。

甘さを抑えてクールに

さびた缶などジャンクテイストの小物を選び、シダ類、多肉植物、リーフ類を中心に飾るとクールな印象になります。下の段に置いた存在感のあるビカクシダが、シーンの要に。

Lesson 2

橋本さんと齋藤さんから教わる
室外機カバーとベンチ型物入れ

DIY初心者でも気軽にチャレンジできるのが、エアコンの室外機カバー。
用土や道具などの収納に便利な物入れも、セットでつくってみては？

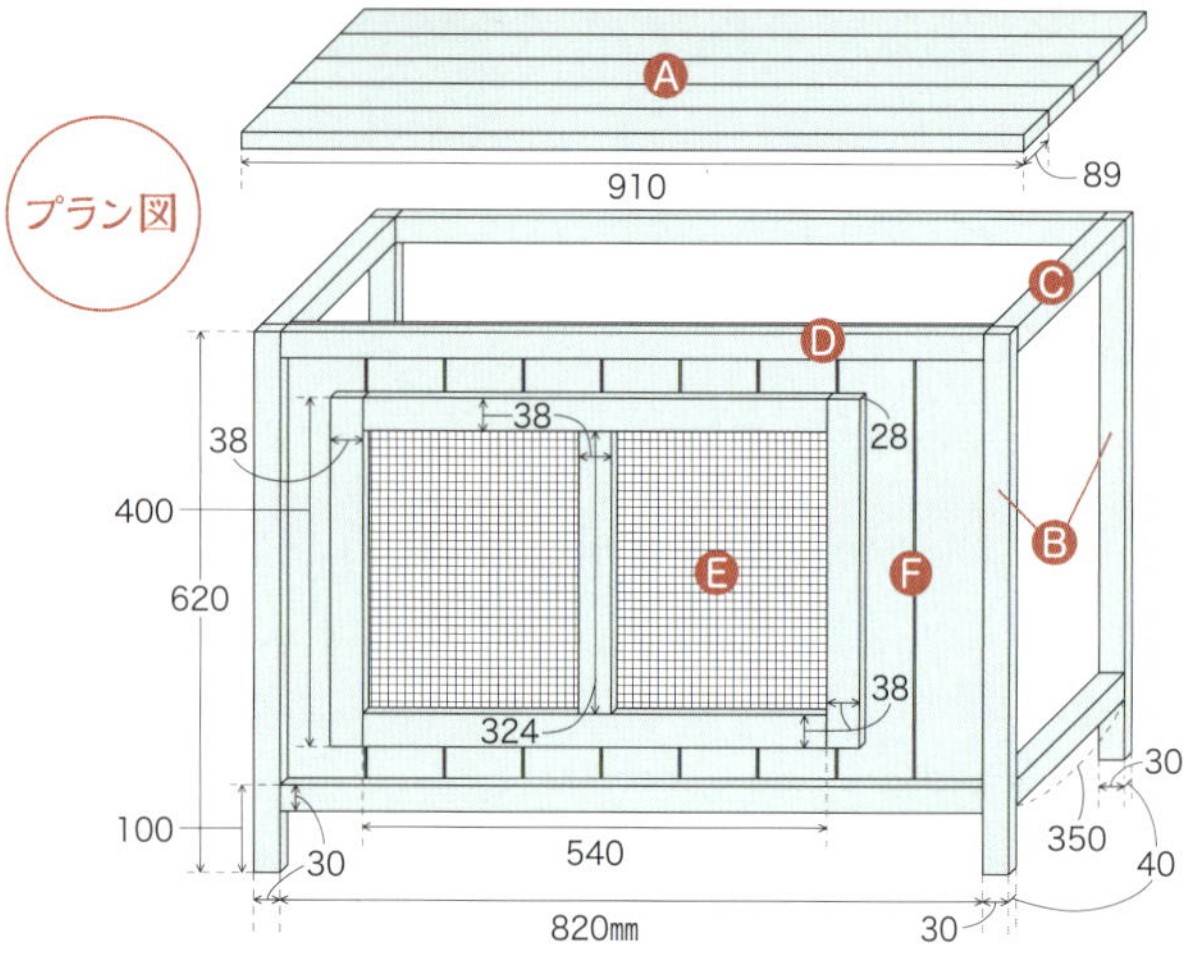

室外機カバー

[用意するもの]

木材
- Ⓐ天板……1×4材　910mm　5本
- Ⓑ脚………角材30×40×620mm　4本
- Ⓒ枠………角材30×40×350mm　4本
- Ⓓ枠………角材30×40×820mm　3本
- Ⓔ窓………角材38×28×400mm　2本
  - 角材38×28×540mm　2本
  - 角材38×28×324mm　1本
- Ⓕ前面……杉板10×89×550mm　3本
  - 杉板10×89×110mm　12本

ワイヤーネット　370mm×570mm

角金具　4個

金バサミ、サシガネ

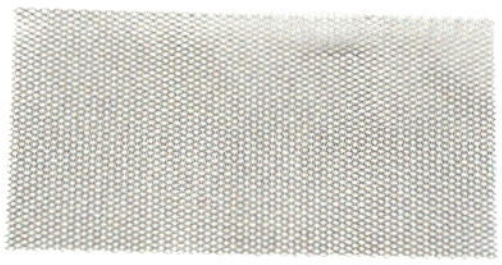
ワイヤーネット

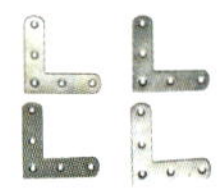
角金具

ベンチ型物入れ

〈ふたを開けたところ〉

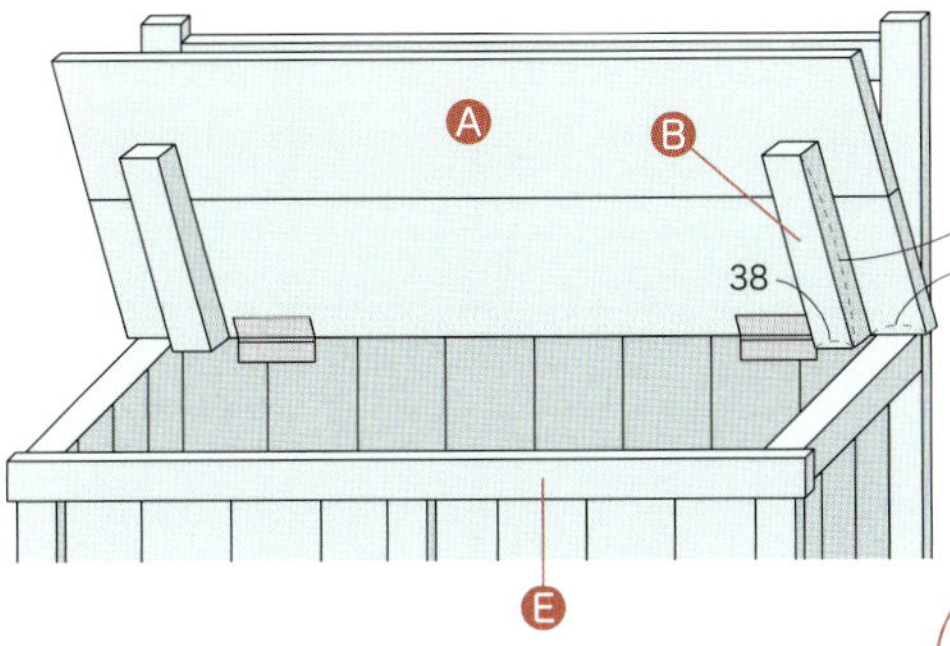

[用意するもの]

木材
- A 天板……1×8材　800㎜　2枚
- B 角材……38×28×265㎜　2本
- C 角材……30×40×730㎜　2本
- D 角材……30×40×380㎜　2本
- E 角材……30×40×800㎜　1本
- F 角材……30×40×700㎜　6本
- G 角材……30×40×315㎜　1本
- H 角材……30×40×310㎜　4本
- I 杉板……10×89×395㎜　24本
- J 底板……1×4材　700㎜　3本

蝶番　2個

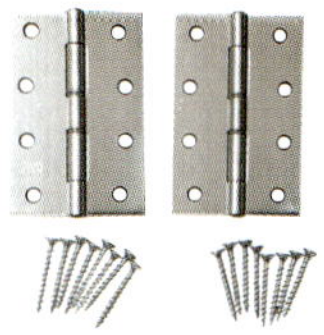

プラン図

〈背面〉

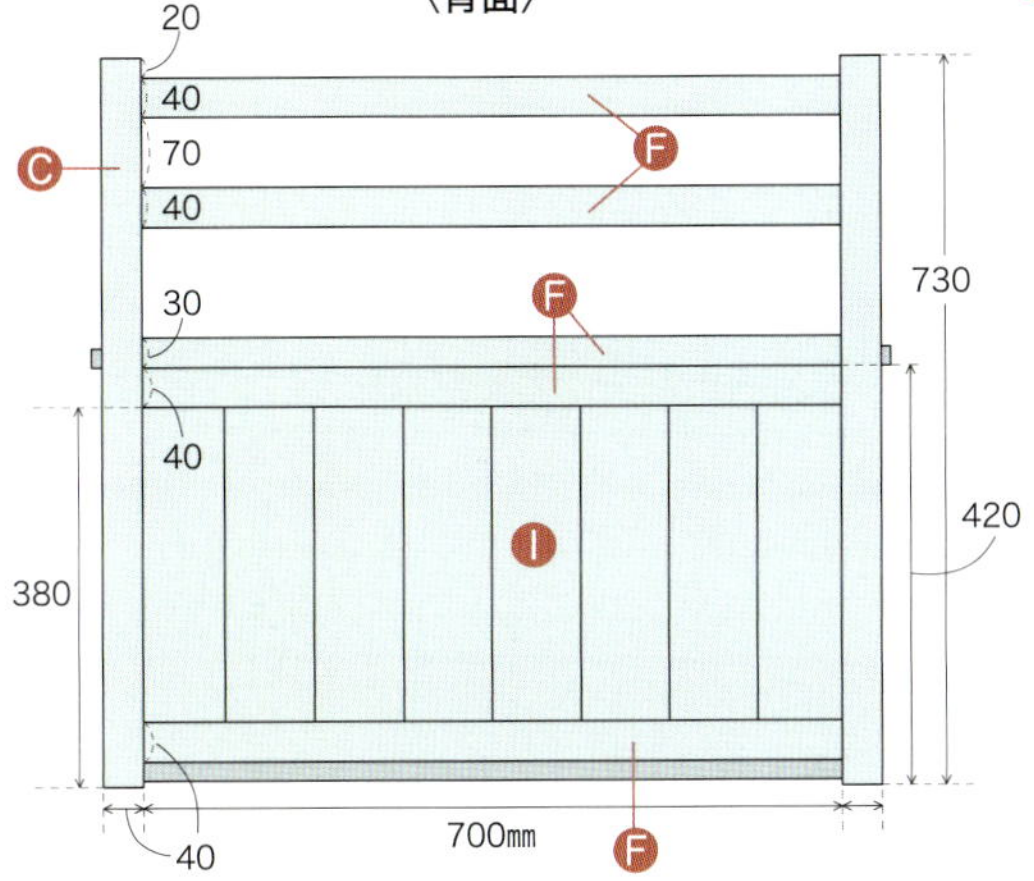

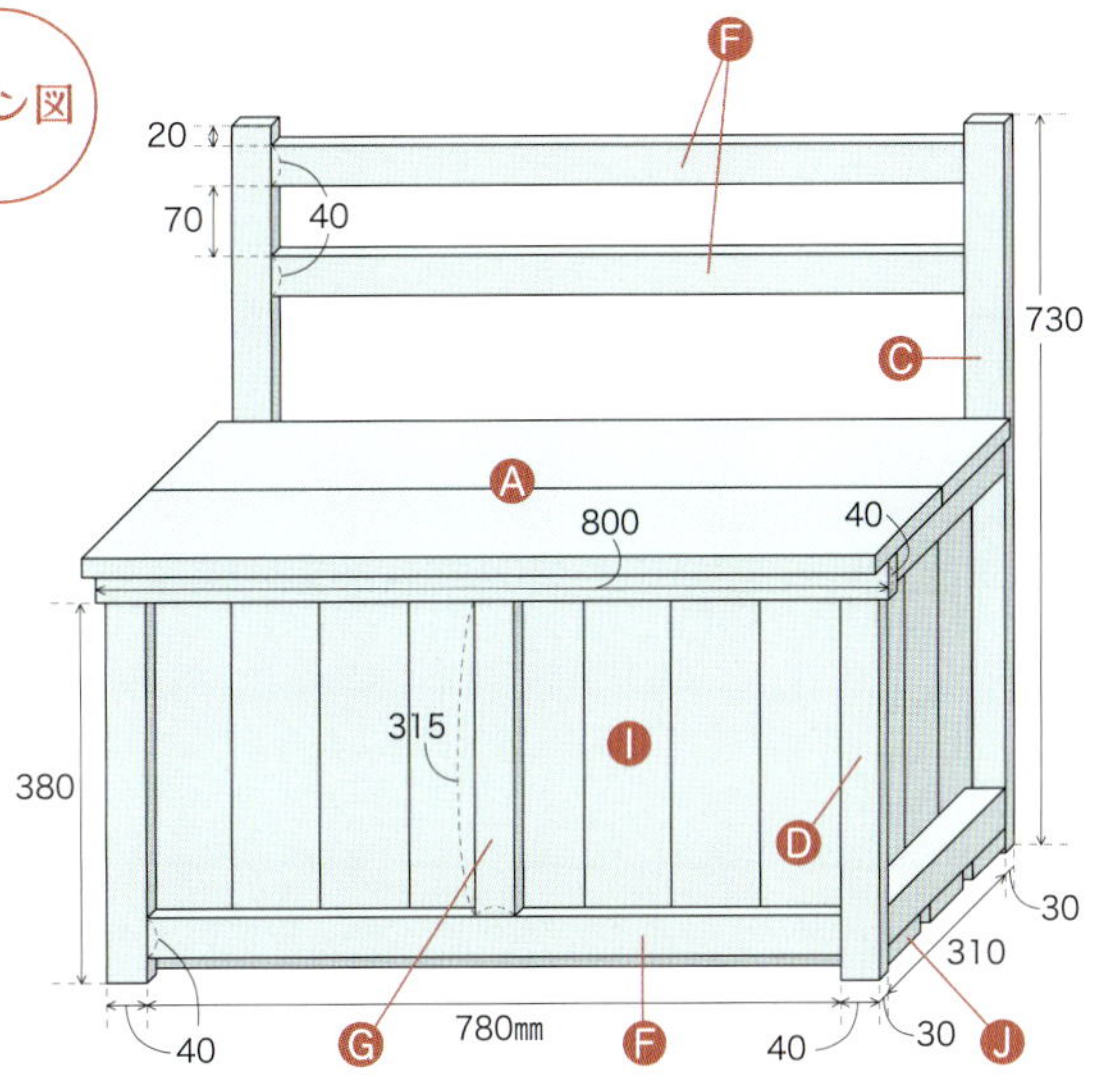

設計のポイント

座面が枠より外に出るように設計すると、雨水が入りにくくなります。

ビスをまとめて収納

ビス類は持ち運びしやすいパーツストッカーで保管しておくと、使いやすくて便利。必要なビスをすぐに見つけることができます。

室外機カバー、ベンチ型物入れ共通

道具類
丸ノコ、
インパクトドライバー、
サシガネ、メジャー

水性塗料
(シルバースモーク、ブルー)、
塗料用バケツ、
ハケ

[用意するもの]

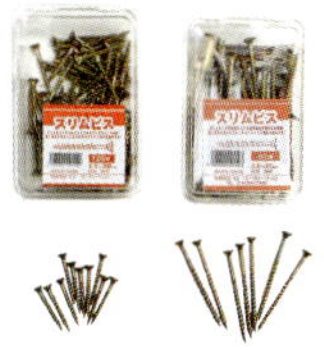

スリムビス
30㎜
55㎜

準備

木材に色を塗る

イメージする色を出すため、今回はつや消しのグレーの塗料に青を加えています。混ぜて使う際は、できれば木端などで試し塗りをし、色を確認しましょう。

1 ベースとなるグレーの塗料に、青の塗料を少しずつ加える。

2 全体が均一になるようよく混ぜて、色を確認する。

3 サイズにカットした木材に色を塗る。小口も忘れずに。

室外機カバーのつくり方

室外機カバーは通気性が重要なので、背面や側面には板を張りません。前板を裏から張ると多少間隔が違っても目立たないので、初心者にお勧めの方法です。

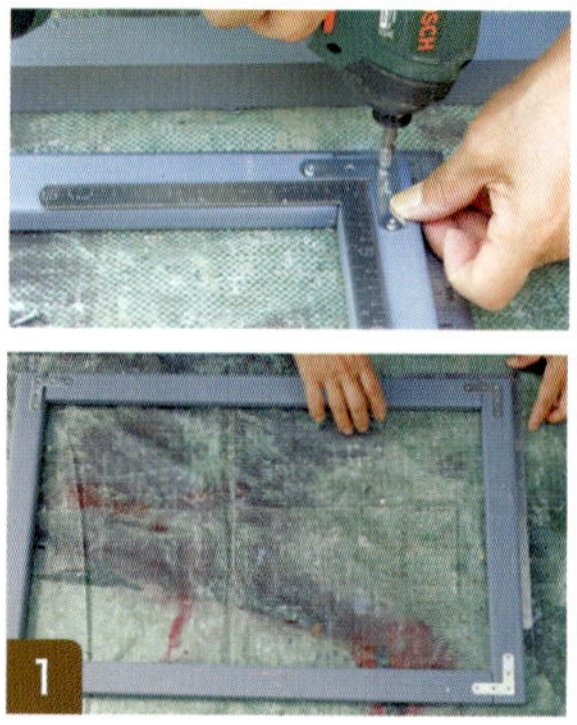

1 窓枠はサシガネ（L定規）で測りながら、角金具で固定する。直角を確認しながら、4辺を組み立てる。

2 金バサミでネットをカット。窓より15㎜大きいサイズに。

3 ビスでネットを引っ張るようにしながら、枠にネットを留める。

4 前面の枠を組み立ててビスで留め、前板は等間隔の隙間になるように、裏側から張っていく。

5 下の部分の前板を張っているところ。高さがずれないよう、窓の内側に仮の木材を置いている。

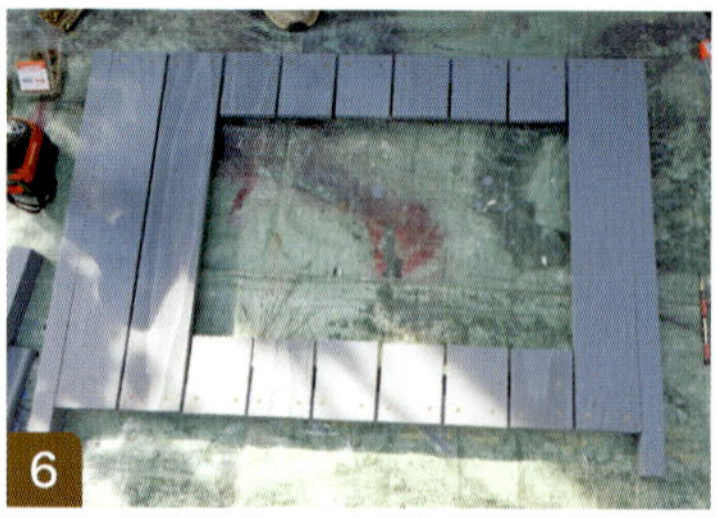

6 前面を裏から見たところ。穴部分に合わせて、ネットを張った窓をビスで留める。

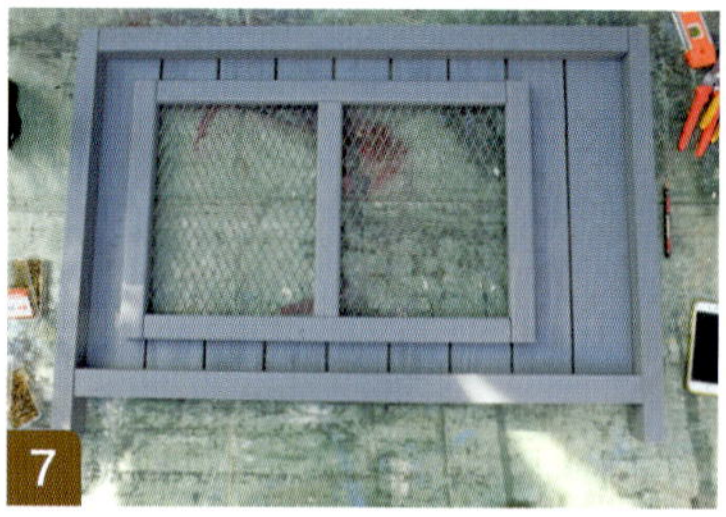

7 前面ができあがり。こちら側が表になる。

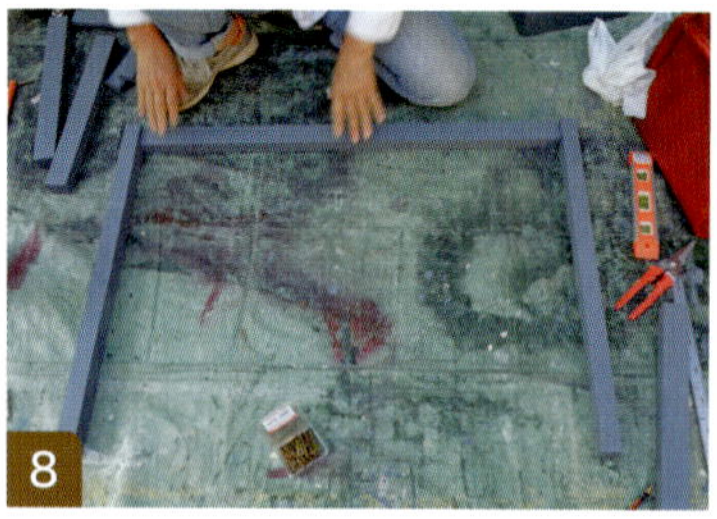

8 後ろ側の枠をつくる。

9 前、横、後ろ側を組み立ててビスで留め、最後に天板を打ちつける。

できあがり

ビスを打った箇所は、塗料で塗っておく。前面をネットにして風通しをよくすることで、エアコン作動時の効率が落ちにくくなる。

サイズを決める際の注意点

カバーを設計するために室外機のサイズを測る際は、パイプなどのでっぱりに注意。また、室外機は必ずしも地面に水平に置かれているとは限りません。カバーで水平を調整するためには空間に余裕が必要なので、大きめに設計したほうが安心です。

ベンチ型物入れのつくり方

ボックス型なので、つくり方はとてもシンプル。設計時に木材のサイズ出しをしっかりしておくのがコツです。

前面と背面の枠を組み立てているところ。

ベンチの枠を組み立てたところ。

底板を打ちつける。水が留まらないよう、少し間をあける。

枠の内側に、前後の中板を打ちつける。

側面にも中板を張る。蝶番でふたをつけて完成。

設置

地面に直接置くと、脚から腐りやすくなります。設置する際は、脚の下にレンガ等を敷くようにしましょう。

設置前のようす。鉢や肥料などが表に出ていて、雑然としている。

水平器で水平を確認しながら、レンガの下に土や小石を入れて高さをアジャスト。

青木真理子
さん

豪雪地域で実現させた
癒やしのナチュラルガーデン

ガーデナーの青木さんの庭がある山形県の山沿いの地は
冬の積雪量が２ｍを超え、ゴールデンウィークまで雪が残ります。
庭には除雪車が通るスペースが必要だし、雪の季節は家屋に雪囲いも。
豪雪地帯ならではの厳しい条件をアイデアでクリアし
やさしさに満ちた、くつろぎのＤＩＹガーデンが生まれました。

アプローチを抜けた先の塀に、さりげなくドアや
三輪車を配置。淡い色が緑に溶け込んでいる。

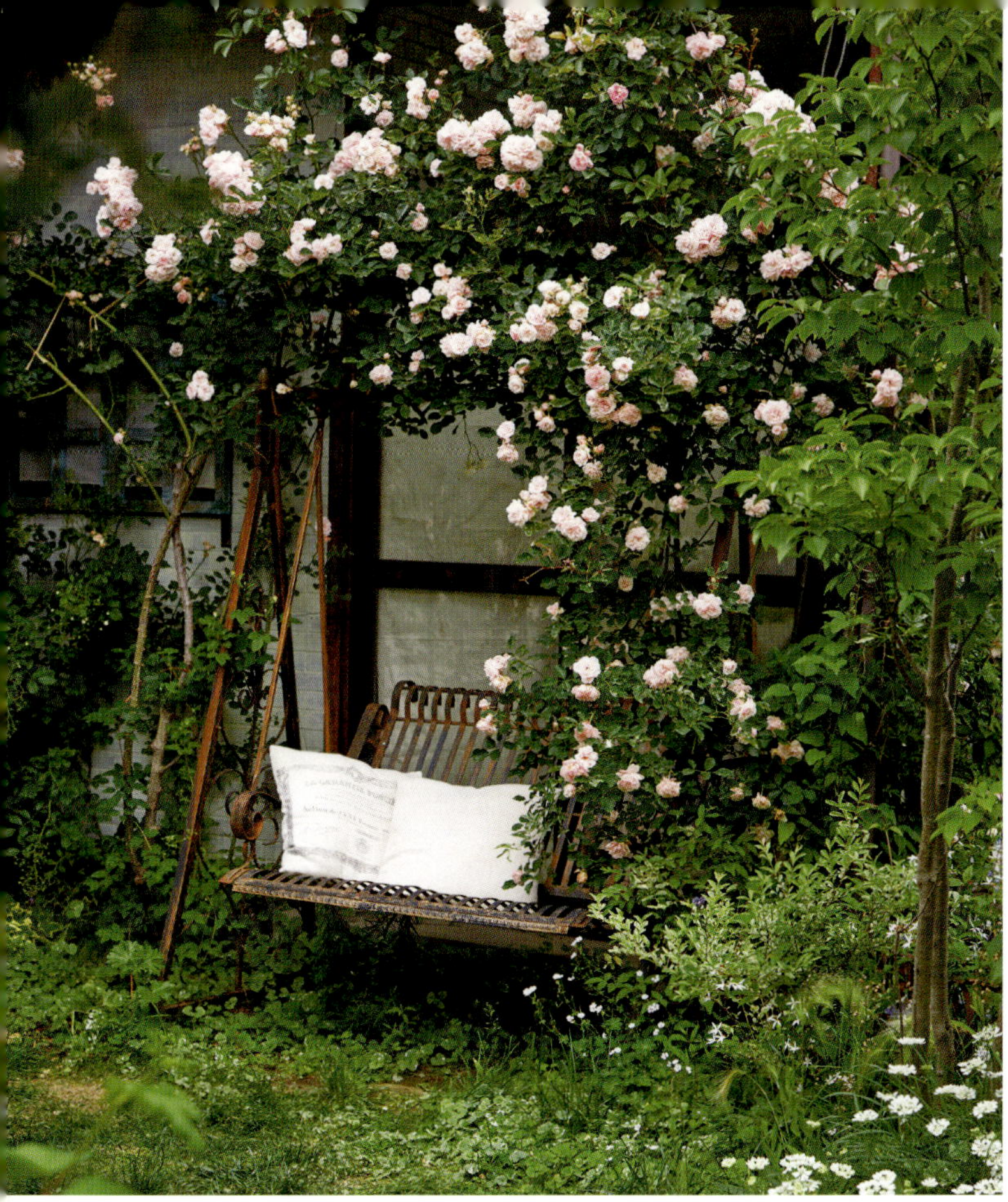

A

居間感覚でくつろげるよう'さりげなさ'を大切に

暖かい季節は庭でのんびり過ごせるように、
あちこちに椅子を置き、家族のくつろぎの場所になっています。
パラソルの下で、ランチやお酒を楽しむことも。

（右）家屋についているドアを隠すために、アンティーク風のドアを打ちつけている。（左）アンティークのブランコは雪の季節には納屋にしまい、窓に雪囲いをする。バラは'フェリシア'。

バラは白と淡いピンクのみ

つるバラは小輪～中輪で病害虫に強いものを。
木の洗濯バサミに名前を書いて枝に留めている。

'アリスター・ステラ・グレイ'

'フランソワ・ジュランビル'と'ポールズ・ヒマラヤン・ムスク'

オルラヤ

プラティア

植物の自然な姿を尊重

植物は伸びたいように伸ばす主義。
茎が曲がっても、気にしない。

バイカウツギ

ミツバシモツケ

「きちっと」を目指さない

有福　庭の真ん中に広い空間があるので、植物をたくさん植えても、ごちゃごちゃしませんね。

青木　除雪車を入れるため、必然的にこうなったんです。DIYは、家を隠すために始めました。納屋はトタンの波板だし、家もかわいくないから。ホームセンターや通販で材料を買って、とりあえずやってみよう、と。「ちゃんとしたものをつくらなきゃ」なんて思わなくていい。アプローチも、でこぼこしていたってちっともかまわないので水平も取らないし、モルタルも使っていません。

有福　目的は「きちっとした庭」をつくることではなく、「心地いい庭」をつくることだと思えば、DIYのハードルが下がりますね。

青木　廃材でも、なにかしらつくれますから。アプローチに埋めた枕木は腐って消えつつあります。その経過を見ていくのも楽しいです。

短い春〜夏を彩るさまざまなニュアンスの緑

オーレア（黄金葉）や銅葉（赤紫色の葉）、覆輪など葉色が美しい植物が、アプローチを魅力的に引きたてている。

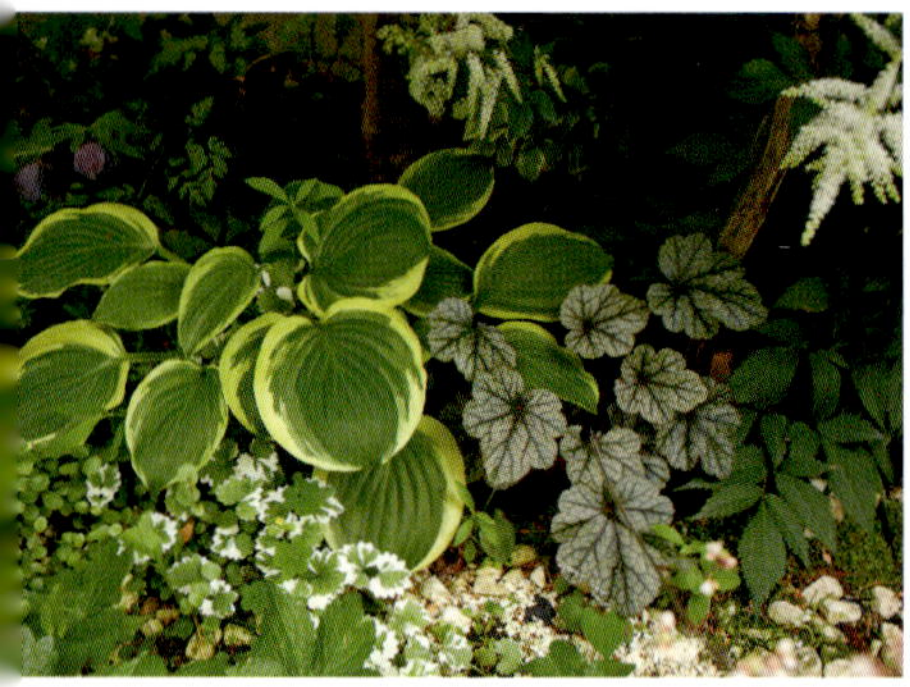

（右）リシマキア・ヌンムラリア・オーレア、グレコマなど。（左）ホスタ、ヒューケラ、アスチルベなど。

C　猫のための秘密の通路

アプローチの突き当たりの脇に、猫のための通路が。
DIYの小さな扉やフェンスをつけた、
ミニチュアの庭のようなかわいい空間です。

B　緑あふれるアプローチ

アプローチはモルタルを使わず、レンガや小石を並べ
両側にカラーリーフとグラウンドカバー植物を植えて。
手前のDIYのアーチは除雪車を通すため、
ビスをはずせば上部が折りたためるようになっています。

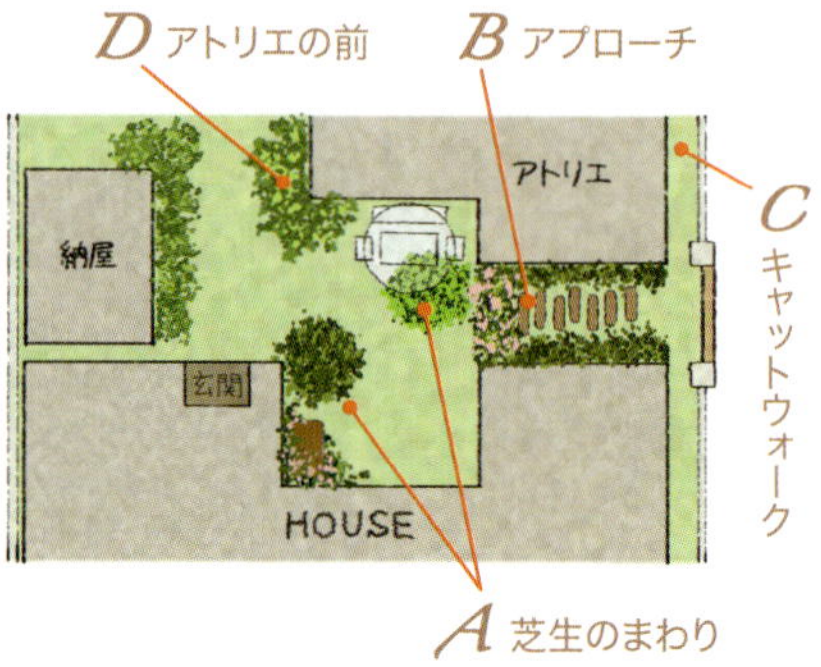

脇役を大事にした疲れない庭

有福　植物の選び方に、自分なりの方針がしっかりあるように感じます。

青木　主張の強い植物は苦手です。「私、ひっそりしてるので」という脇役の植物を、お互いに引きたて合うように植えています。ペタッとした印象にしないためには、ふわっとした植物やぴょっと飛び出す植物を入れるのがコツ。それぞれの植物の伸び方を予測して植えています。

有福　芝生も、ちょっとはげている場所や伸びている場所があるのが、かえって味になる。

青木　この庭で芝生がピシッと刈られていたら、かえってバランスが悪いと思う。適度に荒れた感じが好きなので、家にヘンリーヅタを這わせています。

有福　肩の力を抜いていられる庭ですよね。お酒を飲みたくなるような。

青木　庭は雑草がちょっと生えてるくらいが気楽でいい。そのほうがのんびりくつろげる空間になると思います。

(左) 苗置き場と庭の境目は、ナチュラルテイストの柵で仕切りをしている。(下) コンクリートの上に方形石材を並べるだけでも雰囲気が変わる。

D

アトリエのまわりは上品なナチュラルジャンク

アトリエの一部にフェイクドアや板をつけて背景に。古い道具やミルク缶などを並べて風景をつくりその前を苗置き場にしています。

(右) ジャンクテイストの小物はサビが味わいに。(左) シャベルの柄も風景の一部。

Lesson 3

青木さんと田代さんに教わる
ナチュラルテイストのDIY小物

青木さんと仕事のパートナーでもあるガーデンデザイナーの田代吉宏さんに
初心者にも簡単につくることができるガーデン小物を教えてもらいました。

フェイクの窓を背景に

フェイクの窓に扉をつけて。写真は寄せ植えの木箱の縁に立てて、塀にもたれさせているだけ。さりげない寄せ植えをかわいらしく演出できます。

扉部分はまずブルーに塗り、乾いた後に白を塗って布で拭き取り、エイジング加工を。枠もあえてむらが出るように塗ると味わいが出る。

廃材を利用したプランター

木箱や木枠に廃材を打ちつけただけのプランター。廃材の長さや幅の違いが味わいになります。写真はポット苗を入れただけ。苗の保管場所として使っても素敵です。

廃材はあえて斜めにするなど、ランダムにしたほうが味が出る。小さな看板がポイントに。

木枠の底にタッカーでネットを張る。木の底のままより水はけがいいので苗の管理に便利。

Part 2

［基本編］
庭づくりのプランニング

どんなテイストの庭にするのか。
DIYで何をつくり、どこに何を植えるのか。
庭をつくる際は、プランニングが大事です。
順を追って進めていけば
プランニングは決して難しくありません。

DIY

まずはプランニングから

プランニングはＤＩＹを取り入れた庭づくりの大切な第一歩です。詳細は決まっていなくてもある程度プランを持っているか、プランなしで思いつくままやっていくかでは、結果が大きく違ってきます。簡単でもいいのでプランを立て、木を植える場所を決めたり、この部分はＤＩＹで構造物をつくろうと決めておきましょう。作業も効率的になり、庭づくりがしやすくなります。

どんな庭にしようかと考える際、人はご近所さんの庭のつくり方や、頭の中にある庭のイメージから思い浮かべることが多いはず。そのため、いろいろなスタイルの庭のバリエーションを知っておくことも大事です。

プランニングの手順

1. 自分と家族へのヒアリング
2. 庭の寸法を測る
3. 枠組みをつくりエリアを分ける
4. 配色と素材を考える
5. DIYにする範囲を決める

POINT 1
本や雑誌を参考に

ガーデニング関係の本や雑誌などを見て、気に入った庭があれば付箋をつけておきましょう。エクステリアや庭の写真が出ている洋書の写真集も参考になります。

POINT 2
オープンガーデンに出かけましょう

春になると各地で、オープンガーデンが開催されます。実際の庭を自分の目で見ると、「なるほど、こういうやり方があるのか」「こういうテイストも魅力的だ」と参考になる点も多いはず。たくさん庭を見ているうちに、徐々に自分がつくりたい庭がハッキリしてきます。

どんな庭にしたいのか具体化するために

自分と家族へのヒアリング

使用目的を整理する

いい庭かどうかは、人によってそれぞれ違います。ですから庭に何を求めているのか、どういうふうに活用したいのか、まずは自分と家族へのヒアリングが大切です。

家の中の場合、リビングルームはくつろぐ場所、キッチンは料理をする場所といった具合に、部屋ごとの目的が比較的わかりやすいものです。しかし庭は屋内とは違い、その人の価値観によって、いかような使い方も可能です。

たとえば庭でアフタヌーンティーを楽しみたい人もいれば、庭の一角に家庭菜園をつくり、収穫の喜びを得たい人もいるはず。ペットが遊べる庭がほしい人もいるでしょう。また、家族構成によっては、将来、数台分の自転車置き場が必要になるかもしれません。そういうことも含め、自分と家族へのヒアリングを行うと、何が必要か、どんな庭にしたいのかが徐々に整理されていきます。

テイストと要素を考える

テイストを決めずに庭づくりを進めると、統一感がなく、ガチャガチャした庭になりがちです。モダンなテイストにするのか、ナチュラルなテイストにするのか。フレンチ風か、アジアンテイストか。方向性を決めると、失敗しにくくなります。

プランに取り入れたい要素も、整理しましょう。たとえばウッドデッキに憧れているとか、バラを育てたい、芝生のエリアがほしいなど、まずは取り入れたい要素を書き出してみます。

庭のタイトルを考える

ここまで進んだら、最後につくりたい庭のタイトルを家族と共に考えてみましょう。タイトルをつけることでよりイメージが具体化するし、優先順位の整理ができます。そして何より、庭をつくろうというモチベーションがふくらんできます。

次に具体的なヒアリング項目をあげましたので、この順番で進めてみてください。

ヒアリング項目例

Q1 家族構成を教えてください。

将来の自転車や車の台数の問題を考えるとともに、庭に対して客観的になれる最初の質問です。

Q2 庭の使用目的はなんですか？

将来的なライフスタイルまで考えて、庭が家族にとって快適な空間になるよう、客観的に「使用目的」を整理しましょう。

例

どんなことに使う必要があるか

- □ サイクルポートが必要
- □ 犬が散歩から帰った時、足を洗う場所がほしい
- □ 洗濯物を干す場所が必要
- □ 靴を外で洗いたい

どんなことをしてみたいか

- □ 庭でお茶を飲みたい
- □ 菜園にチャレンジしたい
- □ ハンモックでくつろぎたい
- □ バーベキューをしたい
- □ ガーデニングを楽しみたい
- □ 芝生でくつろぎたい
- □ 寄せ植えや鉢植えの植物を飾りたい

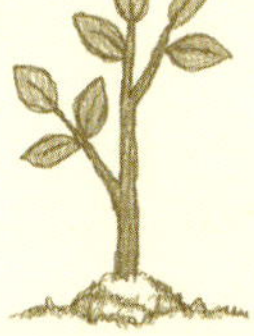

Q3 どんな雰囲気の庭にしたいですか？

好きな庭の写真を集めて、テイストを分析してみましょう。
どんな雰囲気なら家屋など既存の環境と調和するかもポイント。

テイストの例

ナチュラル

ありのままの植物の成長を生かし、自然な野の雰囲気を取り入れた庭。構造物の素材は枕木や丸太など、より自然な趣のものが似合います。

アーバンナチュラル

自然な趣を大事にしつつ、都会的なシャープさを感じさせるテイスト。写真の例は、建物の色に合わせて物入れや棚、フェンスなどをブラックグレーに統一しています。

ジャンクテイスト

英語のJUNKは「がらくた」の意味。さびたガーデングッズや古びた植木鉢、アンティーク小物など、経年によって風化したモノと植物を調和させたガーデン。

Q4 今の庭の気にいっている点は？

日当たりや庭から見える風景、サイズなど、
どんなことでもあげてみましょう。

例

- □ 日当たりがいい
- □ 風格のある木がある
- □ 道路から見えにくい
- □ 広すぎないので雑草取りが楽

Q5 今の庭で気になる点は？

気になっていること、困っている点、改善したい点をあげてみましょう。

例

- □ 道路の歩行者からリビングが丸見え
- □ 隣の家の壁や窓、給湯器などが気になる
- □ とにかく狭い
- □ 日当たりが悪く、なんとなく陰気
- □ 雑草取りが大変
- □ 芝刈りが面倒
- □ 水はけが悪い
- □ 親がつくった和風の庭が好みではない

Q6 好きな植物や植栽について。

名前はわからなくても、好きな植栽の写真を集めて自分の好みを探ってみてください。

野の花のような、さりげない花が好み

カラーリーフが好き

シャープな葉形の植物を植えたい

Q7 検討してみたい要素はありますか？

たとえばつるバラを育てたいなら誘引するための構造物も必要です。
まずは検討したい要素をピックアップしましょう。

例

- □ ウッドデッキ
- □ アプローチ（小道）
- □ 花壇　□ バラのアーチ
- □ バラのパーゴラ
- □ ガーデンシェッド（小屋）
- □ ガーデンウォール　□ 立水栓
- □ シンボルツリー
- □ ウッドフェンス　□ パティオ
- □ キッチンガーデン
- □ 芝生のエリア

庭のイメージが見えてきたら
タイトルを決める

タイトルを決めると、よりイメージが具体化します。
タイトルにしたがって要素の優先順位を決め
具体的な庭のプランに取りかかりましょう。

タイトルの例

「木漏れ日のデッキでくつろぐ庭」

「リゾート気分が味わえるオリエンタルモダンの庭」

「趣味の小物が似合うジャンクテイストの庭」

「子犬が遊べるナチュラルな庭」

Step 2

プラン図を描く準備
庭の寸法を測る

広さや形、方位、建物との関係など、空間の環境条件を知って計画を行いやすくするために、庭を図面化することが大切です。そのためにまず必要なのが採寸。できれば庭だけではなく、リビングの窓の高さなども測っておきましょう。家を建てた際の図面がある方は、コピーして利用すると便利です。

Step 3

つくりたい庭を図面化
エリアを分ける

図面に検討したい要素を大雑把に描き込み、エリア分けします。ウッドデッキなら居心地のいい場所に計画する必要があるし、庭をどこから眺めるかも大事なポイントです。

図面を何枚か描いているうちに、優先順位が整理できます。さらに植栽のボリュームや庭の手入れをする際の動線も考え、徐々に具体的に詰めていきましょう。

図面を描く際は、格子状の線（グリッド）を用いると秩序のある空間をつくりやすく、DIYで何かをつくる際の計画ミスも減ります。曲線を多用する庭なら、フリーハンドもいいでしょう。いずれにせよ10枚くらい描き直すつもりで、どんどん描いてみましょう。

グリッドを使った例

1枚目の図面

最初はこのくらいラフなものから始めましょう。描いているうちに、徐々にイメージが具体化してきます。

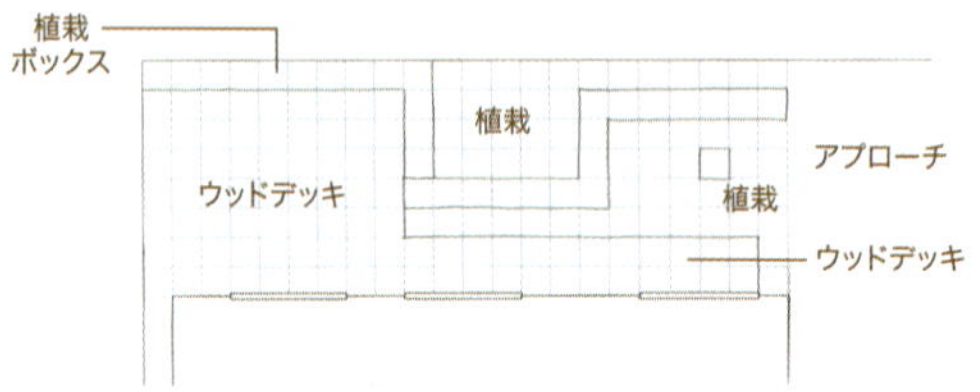

グリッド図の完成

何枚か描いているうちに、どこに何をつくるのか、構造物の位置関係や大きさが明解になります。ここまで来たら、構造物のサイズもほぼ割り出せます。

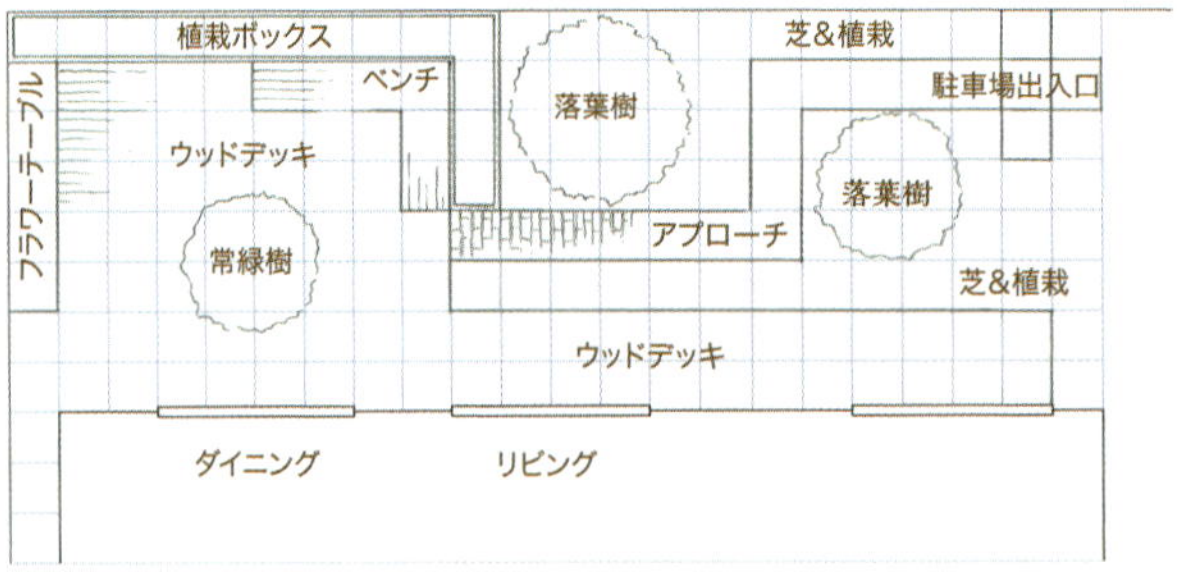

彩色する（Step4参照）

ウッドデッキなどメインとなる構造物の色（ベースカラー）を決めて色を塗ると、庭のイメージがより具体的になります。

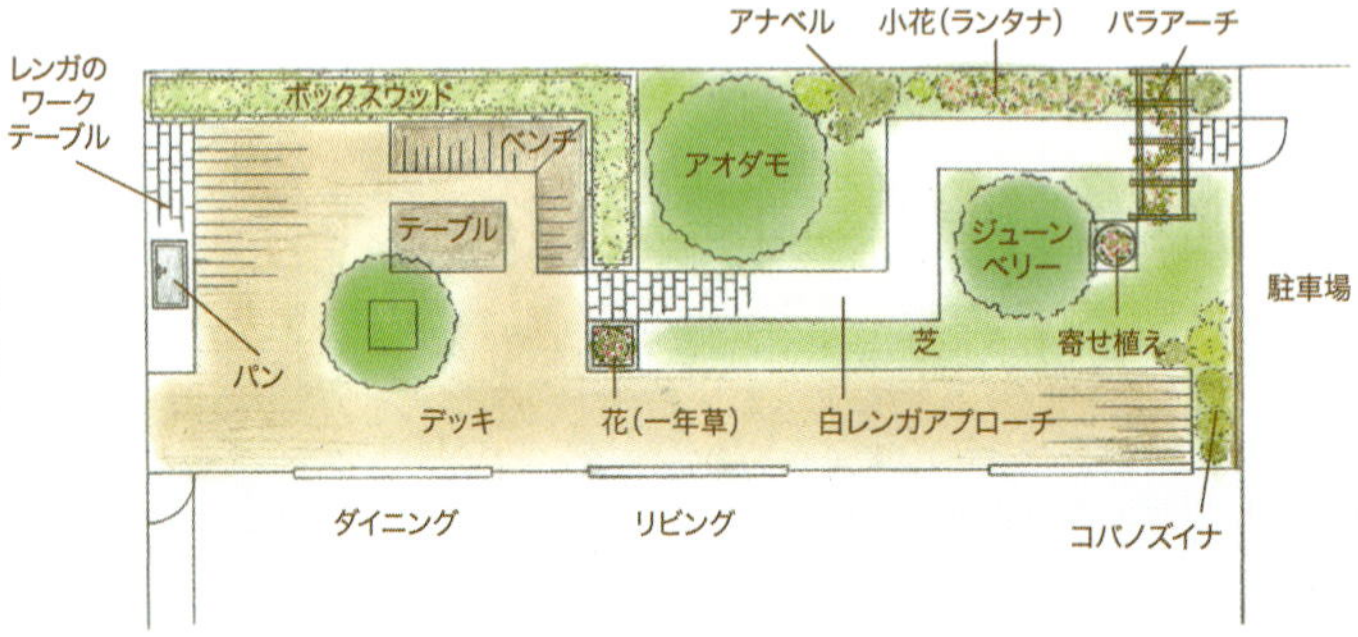

タイトル：
木漏れ日のデッキでくつろぐ庭

取り入れたい構成要素：
●ウッドデッキ　●樹木
●アプローチ
●お隣との境目にフェンス

ウッドデッキで木漏れ日を楽しむには、デッキの近くに木が必要です。またデッキでくつろぐには、隣家や道路から見えないなど、場所をどこにするかも大事。家族の人数によって、デッキの広さも決まるはずです。何枚か描いているうちに、プランがより明確になります。
グリッドの幅は、家屋の窓や柱などをうまく利用するとデザインが考えやすくなります。

フリーラインの例

タイトル：散策する庭

取り入れたい構成要素：
●アプローチ　●芝生　●樹木　●植栽　●フェンス

自然石のアプローチを歩きながら季節ごとの植物の成長を楽しむ庭。
石エリア以外はすべて芝や植栽スペースの、やさしいテイストのゾーニングです。

テイストに合った構造物をつくるために

配色と素材を考える

ベースカラーを決める

図面が描けたら、ヒアリングから得たテイストの希望をもとに、パーゴラ、フェンスなどベースとなる構造物の色と素材を考えます。

庭に何を求めるかは人によって違いますが、タイトルに「くつろぎ」「癒やし」「リラックス」を入れる人が多いようです。そこからおのずと、ベースとなる色が導かれます。

色が心に与えるイメージを考えると、落ち着きのあるアースカラーや、紺や深緑色などの鎮静色、淡いクリーム色やホワイトなどのナチュラルな色がベースになりやすいはずです。興奮色である赤やオレンジ色のデッキでは、なかなかくつろげません。

配色の例

アクセントカラーを意識する

ベースカラーは淡いテラコッタ色。
アクセントカラーは渋みのあるブルー。

建物と構造物の色を合わせる

建物の壁とフェンスの色を合わせ、
アプローチは自然石平板でモダンナチュラルに。

素材の例

乱形石材のアプローチ

ランダムに石を割ったもの。
モルタルを使って敷くのが基本。

枕木のアプローチ

ナチュラルガーデンに向く素材。
ただし耐久性がやや低い製品もあります。

環境条件との調和も大事

ベースカラーを決める際は、家屋や庭から見える風景、既存の樹木の葉色など環境条件とのバランスも大事です。また、「テラコッタタイルを使いたい」といったように特定の素材へのこだわりがある場合は、その素材の色との調和も考える必要があります。

ベースカラーが決まったら、引き立て合うアクセントカラーを決めると、色彩計画が立てやすくなります。

素材は機能性も考慮

構造物の素材に関しては、テイスト、色彩計画、機能性の3点を考慮して決めましょう。

パティオやアプローチに使うペイビング（舗装）材には、自然石、レンガ、タイル、枕木、コンクリート平板などさまざまな素材があります。また、ひとくちに自然石と言っても、磨いてある平板とランダムに割った乱形のものでは、テイストが違います。どんなテイストにしたいのかによって、おのずと石の選び方も変わってくるはずです。（42ページ参照）

フェンスやウッドデッキは雨に濡れることが多いので、腐りにくい木材を使うなど、耐久性も重要なポイントとなります。素材の特性を理解した上で、何を選ぶか決めましょう。（木材については10ページ参照）

さまざまなペイビングの素材

ガーデンの地面を舗装してアプローチやパティオをつくるのがペイビングです。

モルタルできっちり固める方法から、素材をただ並べるやり方まで、やり方はいろいろ。

テイストや庭全体の色彩と調和する素材を選びましょう。

自然石平板

石を薄く平らに切った正方形ないしは長方形の石材。石の種類や色によってテイストが異なります。サイズは140㎜角、200㎜角、300㎜角など。

乱形石材

自然石を石目に沿って割ったままの形で加工した石材。自然な風合いが特徴です。乱張りストーンとも呼ばれます。

ピンコロ石

10㎝程度の立方体（半丁）もしくはその2倍（2丁掛）に切り出した石材。海外の道路などでもよく使われており、趣があります。

上海レンガ

中国のアンティークレンガ。赤みがかった西洋のレンガと違い、黒に近い渋い色味が特徴。落ち着いたテイストに仕上がります。

レンガ

色合いもテイストも多種多様。外国産のレンガはアンティーク調のものが多く、使いこまれた雰囲気が味わいとなります。

小石

デザインのスパイス効果が期待できます。アプローチの両脇に敷いたりパティオに埋めこむなど、さまざまな使い道があります。

ペイビングの例

テラコッタタイルのテラス

南欧などでよく使われる素焼きのタイル。やわらかい風合いと温かみのある色合いが特徴。

自然石平板とレンガの組み合わせ

車が出入りするので、大きな平板で耐久性を確保。アクセントにレンガを入れて温かさも出しています。

サイズの違うレンガを使って

カットしたレンガや大きさの違うレンガを放射状に敷いたミニパティオ。

無理せず楽しむには

どの部分をDIYにするか範囲を決める

段階を踏んでつくる

具体的な庭のイメージが固まったら、次にどの部分をDIYにするかを決めます。初心者は最初から難易度の高いものにチャレンジするより、小型木工や花壇づくりなど難易度の低いものから取り組むことをお勧めします。小さな成功体験の積み重ねが、「よし、次に進もう」というモチベーションになるからです。

逆に途中で手に余ってしまうと、DIYそのものが苦手になることも。予算との兼ね合いもありますが、大掛かりな構造物は業者にお願いするという方法もあります。

最初から完成を目指さない

大事なのは、いっぺんに庭を完成形までもっていこうと思わないこと。スキルが上がるにつれ、初期につくったものが気に入らなくなることもあるでしょう。あるいは、庭の雰囲気を変えたくなることもあるかもしれません。つくり続けることがDIYガーデニングの醍醐味。徐々によりよくしていこうと考えたほうが、楽しみが持続します。

庭づくりの主な要素

DIY	ブロックやレンガ積み 壁面やフェンスのレンガやブロック積みなど	大型木工 ウッドデッキ、フェンス、パーゴラなど	ペイビング レンガや石の小道づくりや小さなパティオなど	中型木工 ベンチやシーティング パーゴラ、エアコンカバーなど	花壇 石やレンガ積み	小型木工 箱や棚づくりやペイント
植栽	中～高木の剪定	中～高木の植えつけ	つるバラの植えつけ、誘引	低～中木の植えつけ	芝生張り	草花の植えつけ
難易度	上級向き ★★★		やや難しい ★★			簡単 ★
初心者	プロに依頼するか簡易化するアイデアで		チャレンジ!		できる	
中級者	プロに依頼するかチャレンジ!		本などを読めば大丈夫		できる	
上級者	チャレンジ!		できる			

上級者

DIYの経験を生かし、時間をかけて自分の好みの庭をつくっていきたい。

ここがPoint

- 材木を長いまま購入する場合は、搬入経路の確認を忘れずに。
- 昔つくったものはリニューアルも視野に入れ、庭を進化させては?

中級者

小型木工や花壇づくりなどをやってみたら楽しかったので、できれば本格的なDIYにもチャレンジしてみたい。

ここがPoint

- レンガや石など重い材料は通販を利用するのも手。
- 大型木工やペイビングなどは、家族や友人と力を合わせてみては?

初心者

DIYをやったことがないけれど、庭づくりは好きだし、自分の手で何かつくるのは楽しそうなので興味がある。

ここがPoint

- 木材はホームセンターで切ってもらうと作業が楽に!
- 道具や材料を買う際はホームセンターなどでアドバイスをもらい、必要なことはメモしておくように。

植物の選び方

樹木は庭を広く見せる

庭を構成する植物を役割の見地から分類すると、「中高木」「低木」「草花」「グラウンドカバー」に分けられます。ゼロから庭づくりを考える際は、まずどんな中高木をどこに配するかを考えましょう。

中高木を植えると庭が狭く見えるのではないかと心配する人もいますが、実は逆です。下の絵を見てもわかるように、木がないと庭が平面的になります。すると人の目は、たとえばこの庭の大きさが8m×8mだとすると、64㎡として認識します。

中高木が入ると空間が立体的に感じられ、庭の大きさは64㎡×高さとして認識されます。つまり樹木を植えたほうが、かえって広く見えるのです。また風景の手前に樹木の幹や枝があると遠近感が生まれ、奥行きが感じられるようになります。

低木を背景に草花を植える

次に決めたいのが低木です。低木は草花に対して程よい高さで「背景」となってくれるので、庭の骨格づくりに欠かせません。銅葉（赤紫や赤黒色の葉）や黄金葉など、葉色で風景のアクセントをつくることもできます。

庭一面を草花で埋めようと思ったら管理も大変です。でもほとんどの低木が、年に1、2回剪定をするだけで形を保ってくれるので、低木で地表をある程度埋めると管理も楽になります。

草花は、何年も生き続ける宿根草と、一年で命を終える一年草があります。一般的に一年草は短期間にたくさんの花をつけ、華やかさを演出することができます。どのくらい手入れに時間がかけられるか、また日照や風通しなどの環境条件を考慮して、好みの植物を選びましょう。

アプローチのエッジや構造物の縁などは、グラウンドカバーを植えると土を隠すことができ、ナチュラルな雰囲気になります。これら4種の植物をうまく組み合わせ、自分らしい植栽を実現しましょう。

植物を選ぶ手順

1. 樹木を選ぶ
   - 中高木
   - 低木
2. 草花を選ぶ
   - エリアを分ける

庭づくりにおける樹木の役割

中高木と低木を取り入れた庭

中高木によって空間が立体的になり、広く感じられます。
また低木が庭に陰影を与え、草花の背景となり
草花の美しさを際立たせます。

草花だけで構成した庭

立体感がなく平面的で、塀やフェンスが目立ち、
殺風景な印象を与えます。

樹木を選ぶ

庭の骨格をつくり空間を立体的に

中高木の選び方

落葉樹を植えれば、四季それぞれ趣が変わり、庭に季節感が鮮明に生まれます。一年中葉をつけている常緑樹なら、目隠しの役目も果たすでしょう。

樹形を選ぶ際は、葉の出方を見てその苗がどんなところで育ってきた木なのかを想像し、これから植えようとしている場所にふさわしいか決めるといいでしょう。たとえば正面と背面がはっきりした樹形の場合は、壁を背に植えるのに適しているし、360度バランスよく葉の向きがある木は、シンボルツリーとしてまわりに高いものがない環境で使うときれいに収まります。

「株立ち」か「一本立ち」か

「株立ち」は根元から数本の幹が出ている樹形で、ナチュラルな雰囲気があります。「一本立ち（単木）」は幹が1本で、風格があります。品種によってもどちらが向いているかが異なりますが、一般的に一本立ちは成長が早く、適切な剪定をしないと大きく育ちすぎる場合もあります。どちらを選ぶかは、庭のテイストや植える場所によって決めましょう。

低木は葉色と花を意識

低木を選ぶ際は、花や実を楽しむのを主な目的とするか、葉色に重点を置くかに分けて考えると、選びやすくなります。

ユキヤナギやツツジ、アジサイなどは、ほどよい高さで花が楽しめ、季節感も演出できます。また花が終わった後もほどよいボリュームの緑を配置できるという利点もあります。

銅葉（赤紫や赤黒色の葉）の低木は風景を引き締め、シックな雰囲気をつくり、黄金葉（オーレア）や斑入り葉は半日陰を明るく見せる働きもあります。

中高木を選ぶ

目隠し効果を期待するなら常緑樹

常緑樹は一年中葉をつけているので、目隠し効果もあります。ただ狭い庭に常緑樹が多いと暗い印象になりがちなので、分量を加減しましょう。

季節感や風情を楽しむなら落葉樹

落葉樹は芽出し、新緑、花、実、紅葉と四季折々表情が違うのが魅力。夏は緑陰を楽しめ、幹と枝だけになった冬の姿も風情があります。

低木を選ぶ

花で季節感を出す

花が美しい低木は庭に季節感を生みます。適度な高さがあるので庭のアクセントになり、花がない季節は緑の量感が空間づくりに役立ちます。

葉色を意識する

葉色が美しい低木は風景に変化を与え、イキイキとした表情をつくります。隣り合う低木の葉色を変えると、単調になりません。

緑陰や風情を楽しむ樹木

モミジ

カエデ科
最終樹高10〜15m
代表的な紅葉樹。品種が多く、葉形、葉色もいろいろで、春の芽出しの頃にも色づく品種もあります。最近は外国種もふえています。剪定は初夏か10〜12月。

ナツツバキ（シャラ）

ツバキ科
最終樹高10〜15m
花がツバキに似ているところからこの名に。雑木としてのやさしい魅力が楽しめ、初夏に咲く径5〜7㎝の白い花が灰褐色の幹肌に映え、優美な印象です。

ジューンベリー

バラ科
最終樹高7〜8m
花も実も紅葉も楽しめ、四季それぞれに魅力があります。白やピンクの花は4月中旬〜5月に咲き、実は赤を経て、熟すると美しい黒紫色になります。

ヤマボウシ

ミズキ科
最終樹高5〜10m
丈夫で育てやすく、6〜7月に咲く白い大きな花のように見える苞が魅力的。夏には赤い実が、秋には紅葉も楽しめます。ピンクの花色の品種もあります。

目隠しにもなる常緑樹

フェイジョア

フトモモ科
最終樹高3〜4m
葉裏がシルバーで美しく、生垣などにも利用できます。トロピカルな味の大きな果実や食べられる花も魅力。病害虫に強く、剪定にも耐えます。

ナナミノキ

モチノキ科
最終樹高10〜15m
6月に小さな薄紫色の花をつけ、秋に赤い実をたくさんつけます。ただし実がなるのは雌木のみです。一本立ちだと大きく育ちすぎることもあります。

ソヨゴ

モチノキ科
最終樹高約7m
初夏に白い小さな花が咲き、雌木は10〜11月につややかな赤い実をつけます。葉が風にそよいで音を立てることからこの名が。成長がゆっくりなので、手入れしやすい木です。

シマトネリコ

モクセイ科
最終樹高10〜15m
細かい葉を通年つけます。葉が薄く、風にそよぐ樹形も魅力的。強健で虫や病気に強く、剪定も難しくありません。5月頃に白い花をつけます。

おすすめの落葉低木

アメリカテマリシモツケ ‘ディアボロ’

バラ科
樹高0.4〜1.5m

コデマリに似たピンク色の花をたくさんつけ、葉形と葉色が美しく、風景のアクセントになります。新芽が黄金葉で徐々に緑色になる‘ルテウス’も人気。

アジサイ・アナベル（アメリカノリノキ）

アジサイ科　樹高0.9〜1.5m

6〜7月に咲く花は、最初は淡いグリーンで、咲き進むにつれて白くなります。枝がたおやかなので草花とも相性がよく、新梢に花芽をつけるので好きな高さに剪定できます。

シモツケ

バラ科
樹高0.6〜0.8m

5〜6月に桃色の小花が房状に咲きます。芽出し時に葉がオレンジ色からライム色になる‘ゴールドフレーム’や、桃色と白の2色の花が咲く‘源平’など品種も豊富。

メギ ‘オーレア’

メギ科
樹高0.3〜0.4m

新芽が輝くような明るい黄色になる小型のメギ。メギにはこのほか、銅葉の‘アトロプルプレア’や、赤茶色に白い斑が入る‘ローズ・グロー’などの品種があります。

ブルーベリー

ツツジ科
樹高1〜2m

4〜5月の花、6〜9月の実、秋の紅葉と、一年中楽しめます。品種によって樹形が違い、同系統の2品種を植えないと実がなりにくいタイプもあります。

コバノズイナ

スイカズラ科
樹高0.6〜2m

よい香りのする白い花穂がぶら下がり、風情ある姿が人気。半日陰でも育てることができ、秋には暖地でも見事に紅葉します。

おすすめの常緑低木

ヤブコウジ

サクラソウ科
樹高0.1〜0.3m

もともと林に生える低木なので、半日陰が向いています。10〜2月の長期間、赤い実が楽しめ、斑入り葉や覆輪など、さまざまな葉色の品種があります。

プリペット（リガストラム）‘レモン&ライム’

モクセイ科
樹高0.5〜1.5m

黄金葉にライム色が入る品種。コンパクトなブッシュ状に育ちます。半日陰でも育ちますが、日照があったほうが、色が鮮やかになります。

アメリカイワナンテン

ツツジ科
樹高0.2〜1m

品種によって色味は違いますが、新梢の葉はピンクからクリーム色、緑へと変化し、さまざまな葉色が混在します。明るい半日陰向きで、丈夫で刈りこみにも耐えます。

ビバーナム・ティヌス

スイカズラ科
樹高0.6〜2m

丈夫で半日陰にも向くガマズミの仲間。蕾の時はピンク色で、開花すると白い小花がかたまって咲きます。開花期は4〜6月。秋には美しい青紫色の実が楽しめます。

Step 2

エリアを分けて考える
草花を選ぶ

環境条件に合った植物を

草花は、庭全体のテイストを考慮したうえで、基本的に自分の好きなものを植えて楽しむのがいいと思います。気をつけたいのは、環境条件に合っているかどうか。日照を好む植物を半日陰に植えてもうまく育ちませんし、西日が苦手な植物を西側に植えるのも好ましくありません。植物の特性を知って、ふさわしい場所に植えるのが大事です。

また、花ばかり植えるのではなく、カラーリーフを適度に取り入れましょう。メンテナンスが楽になるだけではなく、葉と花が引きたて合い、植栽の表情が豊かになります。

エリアを分ける

手をかけるエリアと、ローメンテナンスのエリアを分けるのもコツです。たとえばリビングルームからよく見える場所やフロントガーデンは花を多めにして華やかにし、庭の隅や家屋の裏は、管理が楽な低木と宿根草で構成するのもひとつの方法です。すべてをがんばるのではなく、エリア分けしてメリハリをつけると、あまり無理をせずに庭を美しい状態で維持することができます。

宿根草、一年草、カラーリーフを組み合わせて

バラ、背の高い宿根草ジギタリス、小花だけどボリューム感の出る一年草のオルラヤ、カラーリーフ、グラウンドカバーを組み合わせ、視線を集める風景を。

人目につく場所を一年草で華やかに

一年草はたった1年の命ですが、その分、たくさんの花を次々と咲かせる植物も多いのが特徴。華やかさを出しやすいので、目につく場所に植えたり寄せ植えや鉢植えで飾るのに向いています。

日照不足の場所はリーフが美しい宿根草を

日当たりに問題がある場所は、耐陰性のある低木と半日陰向きの宿根草を組み合わせましょう。斑入り葉や覆輪のカラーリーフ、白花の植物を取り入れると、明るさが出ます。

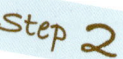

半日陰にも強いローメンテナンスの宿根草

ヒューケラ

半常緑性宿根草

ユキノシタ科

草丈30〜80㎝

ライムグリーン、銅葉、アンバー、銀葉、斑入り葉など、葉色が豊富。5〜6月に咲く花も可憐です。株は小型から大型まで幅があります。

ホスタ

耐寒性宿根草

キジカクシ科

草丈20〜100㎝

葉の美しさからカラーリーフとして人気で、多くの品種があります。直射日光に当たると葉焼けを起こすので注意。初夏に咲く白や薄紫色の花も魅力です。

ヤグルマソウ

耐寒性宿根草

ユキノシタ科

草丈50〜100㎝

5枚の小葉が集まった複葉の姿が鯉のぼりの矢車に似たところからこの名が。6〜7月に花茎が立ち上がり、円錐状の花穂をつけます。もともと山野草ですが、銅葉でピンクの花の園芸品種もあります。

ティアレア

耐寒性宿根草

ユキノシタ科

草丈30〜50㎝

4〜5月に咲く淡いピンクの花穂が優美で、切れ込みのある葉はカラーリーフとして利用できます。高温多湿が苦手なので、風通しのいいところに植えましょう。

ヤブラン

多年草

キジカクシ科（ユリ科）

草丈20〜40㎝

細長い葉が密生し、8〜10月に紫や白の穂状の花が咲きます。斑入り品種は、日陰を明るく見せます。春、新葉が展開する前に古い葉を刈り取りましょう。

アスチルベ

耐寒性宿根草

ユキノシタ科

草丈20〜80㎝

5〜8月に赤、ピンク、紫、白などの円錐形の花穂をつけ、雨に濡れても花が傷みません。こんもりと繁った繊細な葉とのバランスもよく、木の下にたくさん植えても見事です。

クリスマスローズ

多年草

キンポウゲ科

草丈30〜60㎝

花の少ない1〜4月に白、淡い緑、ピンク、黒などの花をつけ、八重に咲くものもあります。低木の足元に向いています。11〜12月に古葉を取り除きましょう。

ディアネラ

宿根草

ユリ科

草丈50〜80㎝

別名キキョウラン。斑入り品種は細い線が入った長い葉がシャープな印象です。黄斑品種もあります。5〜7月に星形の薄紫色の花が咲き、花後に青い実をつけます。やや寒さに弱いです。

※数年に渡って生き続け、毎年決まった時期に花を咲かせる植物のうち、冬季に地上部分が枯れるものを宿根草、枯れないものを多年草と呼んで区別することがあります。

グラウンドカバーを活用

グラウンドカバーとは文字通り「地面を覆う」の意味。
主に背の低いほふく性の植物で「面」をつくることを言います。
低木や草花の手前にグラウンドカバーを植えると
空間を立体的に演出でき、雑草が生えるのも防げます。

土の露出を防ぐ

低木の下や植物と植物の間など、土が露出する場所にグラウンドカバーを植えると、雑草が生えるのを防ぎ、ホコリ防止にも役立ちます。

アプローチのエッジに植える

アプローチのエッジにグラウンドカバーを植えると、植栽エリアとなだらかにつながり、ナチュラルな印象になり立体感も生まれます。

グラウンドカバー向きの植物

図鑑

グレコマ

多年草 シソ科／草丈5～10cm

這うように茎を伸ばしてどんどん広がり、斑入り品種は半日陰を明るくします。3～4月に咲く薄紫色や赤紫色の小花も可憐です。

リシマキア・ヌンムラリア・オーレア

多年草 サクラソウ科／草丈5～15cm

ほふく性で成長が早く、鮮やかな葉色が足元の風景を明るくします。乾燥が苦手なので、西日や直射日光はなるべく避けるように。

ラミウム

多年草 シソ科／草丈5～20cm

斑入り葉、黄金葉などの品種があり、半日陰でもよく育ちます。4～9月に咲く小さな花も魅力。高温多湿期には切り戻しを。

ワイルドストロベリー

多年草 バラ科／草丈10～20cm

4～6月に小さな白い花をつけ、赤い実がなります。成長すると茎の付け根からランナーと呼ばれる茎が横に伸び、先端に子株をつけます。根が浅いので乾燥に注意。

アジュガ

多年草 シソ科／草丈5～10cm

銅葉、斑入り葉、トリカラーなど品種も多く、半日陰でもよく育ちます。春に一面に紫色やピンクの花が咲く様も見事です。

エリゲロン・カルビンスキアヌス

多年草 キク科／草丈20～30cm

小型のキク科で野趣あふれる花は、白からピンクへと色変わりします。とても丈夫でよく育ちますが、茂りすぎると蒸れるので、梅雨前には刈り込みを。

Part 3

［実践編］
ゼロからの庭づくり

有福先生に教えてもらいながら、実際にゼロから
DIYを生かした庭づくりにチャレンジ。
完成までのようすをご紹介します。

荒れ放題の庭をなんとかしたい！

もっと庭を活用したい

せっかく庭があるのに、荒れているので足を踏み入れる気がしない。それが、Tさん一家の悩みでした。大きな木が植わっているので落ち葉の量も多く、掃除が面倒なので、ますます荒れる一方。しかも隣家の建物が丸見え。なんとかしようと、自力で目隠しのフェンスをつくったものの、そこで挫折してしまいました。

インテリアのDIYなら、多少経験があるTさん。今回、有福先生に教えてもらいながら、ゼロから庭づくりに取り組むことに。小学生のお嬢さんとそのお友達にも手伝ってもらうことになりました。

半年かけて完成

家族と自分へのヒアリングをし、プランづくりを始めたのが10月。作業は仕事の合間を縫って、少しずつ進めました。冬は日が短いので、作業時間は限られています。12月～4月にかけて取り組み、春には左ページのような庭が完成しました。

ここで挫折!!

自力でなんとか庭づくりをしようと思ったTさん。始めてみたものの、途中でどうしていいかわからなくなり、途方に暮れてしまいました。

Tさんの悩み 目隠しのためフェンスづくりにチャレンジ。ちゃんと水平器を使ったのに、できあがったらフェンスの横板がちょっと斜めにゆがんでしまいました。

有福先生のアドバイス フェンスブロックではなく、デッキ用の基礎石を使ってしまったことが大きな原因。また**整地をしていなかったので**地面に高低差があり、なおかつ土のやわらかい部分に柱が沈んでしまったのですね。でも家屋ではないので、多少のずれやゆがみがあっても大丈夫。**植物を入れたら、気にならなくなります。**

フェンスが少々ゆがんでしまった

デッキ用だった！

枕木でアプローチをつくりかけて挫折

Tさんの悩み 雨が降ると庭がドロドロになるので、歩きやすいように枕木を購入してアプローチをつくりましたが、その後どうしていいかわからなくなりました。

有福先生のアドバイス 庭全体をどういうふうにしようという**プランなしに、いきなりアプローチをつくったのが失敗の原因。**まずは庭のプランを立てましょう。

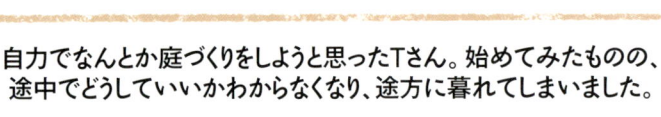

After

有福先生に教えてもらいながら
DIYにチャレンジし
見違えるようになった
T家の庭

プランニング

ヒアリングからスタート

Ｔさんの希望は、「庭を週末、家族で過ごせる場所にしたい」。できれば娘さんに植物を育てることに興味を持ってもらいたいと思っています。

ただしこれでは漠然としているので、イメージを具体化するために、Ｐａｒｔ２の手順に従って自分と家族へのヒアリングからスタート。その結果が下の通りです。

イメージを〝見える〟化

次に庭の寸法を測り、グリッドを使った図面を描き起こしました。図面にウッドデッキを描きこんでいるうちに、縁側があれば木陰で娘と並んで座れると気づき、縁側をプラス。

このグリッド図とヒアリングをもとに有福先生が考えたプランは、シーティングパーゴラとアプローチを備えたガーデンです。

ウッドデッキや縁側で過ごす時、パッと目に入るのが、庭の西側のフェンスと南西のコーナー。比較的日当たりもいいので、ここにシーティングパーゴラをつくればつるバラを誘引できるし、視線が向かうフォーカルポイントになります。ウッドデッキ、縁側、シーティングパーゴラは、アプローチでつながっています。

Step 1

自分と家族へのヒアリング

Q1 家族構成を教えてください。
→夫婦と娘の３人家族。

Q2 お庭の使用目的はなんですか？
→週末、家族で過ごせる場所にしたい。
できれば、猫の〝ムッシュ〟も遊ばせたい。
１階に仕事場があるので、パソコン作業に疲れたら、
ウッドデッキでボーッとしたい。

Q3 どんな雰囲気のお庭にしたいですか？
→大人っぽいジャンク。
カフェみたいな雰囲気のウッドデッキがほしい。

Q4 今のお庭の気にいっている点は？
→道路から見えないので、人目が気にならない。
大きな木（桜とカエデ、柿）があるので癒やされる。

Q5 今のお庭で気になる点は？
→雨が降るとドロドロになってしまう。
落ち葉の量が多いので、掃除が大変。
あまり日当たりがよくない。

Q6 好きな植物や植栽について。
→とくにないけれど、あまり手間がかからない植物で、
花も少し楽しみたい。
娘がバラを好きなので、１〜２本植えたい。
部屋からすぐの場所にミニキッチンガーデンがほしい。

Q7 プランに取り入れたい要素はありますか？
→ウッドデッキ　縁側

お庭にタイトルをつけるとしたら？

猫のムッシュと娘のリラックス・ガーデン

庭の寸法を測る

エリアを分ける

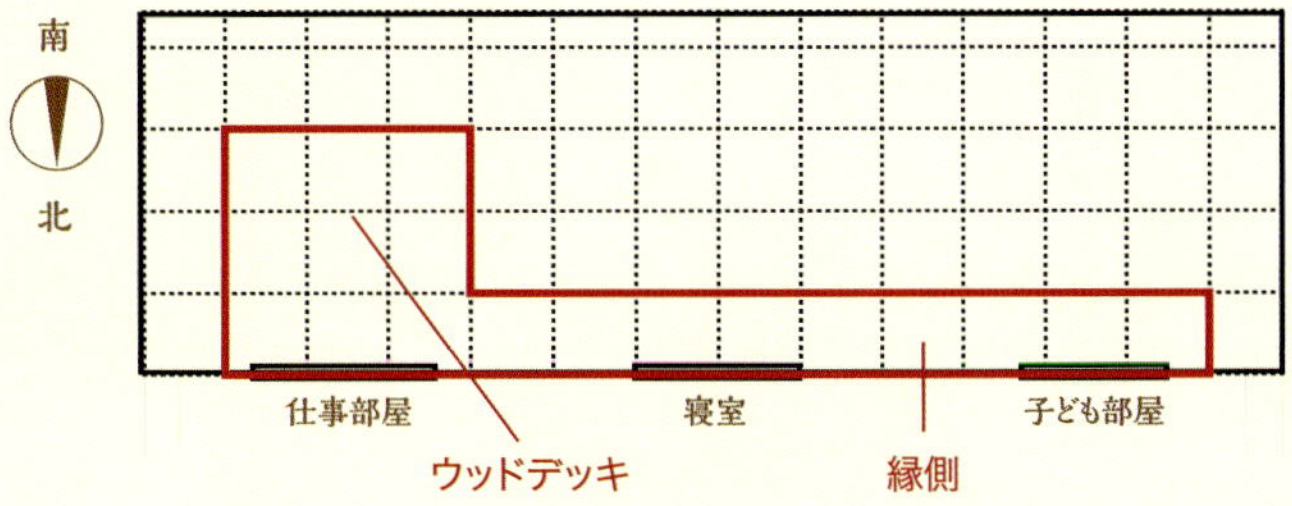

Tさんが描いたグリッド図

グリッド図を使うことで構造物の大きさを決めやすく、庭全体のエリア分けができます。設計図をつくる際も、この図をもとにすれば、サイズ出しがしやすくなります。

ヒアリングとグリッド図をもとに有福先生が考えたプラン

〈上面図〉

つるバラを誘引できるシーティングパーゴラ

午前中の光が当たるコーナーに、ベンチとパーゴラが一体となったシーティングパーゴラを。

パーゴラ型のウッドデッキ

ウッドデッキをパーゴラ型にすることで、リビングルーム感覚に。床は縁側とつながっています。

ベルギーストーンのアプローチ

趣きのある石でナチュラルなアプローチを。以前購入した枕木を切断して、アクセントとして再利用。

株立ちのアオダモを新たに植える

フェンスの前に株立ちの木を植え、遠近感を演出。シーティングパーゴラとの相乗作用で一枚の絵のような風景に。

ウッドデッキの床面とつながる縁側

縁側があると、各部屋からデッキに出やすくなります。

有福先生のコメント

レンガやアイアンなどの素材で雰囲気ある見た目をつくりつつ、機能とのバランスを考えたプランです。縁側に腰をおろして娘さんと話をすると、室内とはまた違った会話になるのでは。

チャレンジする DIYアイテム

今回、有福先生と施工のプロ小林篤さんに
教えてもらいながら、
TさんがチャレンジしたDIYアイテム。
自力ですでにつくり終えたフェンスに関しては、
失敗しないやり方を改めて教えてもらいました。

A シーティングパーゴラ

つくり方 60〜63ページ　難易度 ★★

中型の構造物なので、初心者もチャレンジしてみては？
寄せ植えやハンギングを飾る場所としても活用できます。

B フェンス

つくり方 64〜67ページ
難易度 ★★★

色や横板の隙間によって、さまざまな表情を出せるフェンス。基本的なつくり方をマスターしましょう。

C 棚

つくり方
69ページ
難易度 ★

フェンスに棚をつけると、表情が一変します。アンティークの金具など、気に入ったものを使いましょう。

D アプローチ

つくり方　70～73ページ
難易度 ★★

アプローチには庭をエリア分けする役目もあります。モルタルを使わない施工法なら、初心者でも楽にできます。

F ウッドデッキ

つくり方　82～91ページ　難易度 ★★★

レンガを積んで柱を立てた、リビングルーム感覚のウッドデッキ。既存の柿の木を生かし、夏は木陰になります。

E 縁側

つくり方　77～81ページ
難易度 ★★

縁側はくつろぎの場。ミニキッチンガーデンをつくり、床下は一部、収納スペースになっています。

G ステップ

つくり方　91ページ　難易度 ★

ウッドデッキから庭に降りるステップ。コンクリートの上にアイアンのマットを置き、シックな雰囲気に。

準備

整地と作業台づくり

まず落ち葉や地面の石を取り除き、雑草を抜きます。次に鋤などで瓦礫を掘り出し、庭全体をなるべく平らにならします。最初に平らにしておくと、後々の作業が楽になります。

既存の木は剪定をして枝を減らし、日照を確保。デッキなどができあがってから大きな枝を落とすと傷つける心配があるので、先にすませます。

構造物が複数ある場合は、最初に作業台をつくりましょう。色塗りや丸ノコでの切断などの作業を地面などで行うのと、作業しやすい高さで行うのとでは、作業効率も安全性も大きく変わります。

庭には建物を建築した際に出た廃材などが埋まっている場合もあります。ある程度掘って、瓦礫等は撤去しましょう。つくりながら部分的に整地するより、一気に全体を整地したほうが効率的です。

作業台をつくる

作業台があると木材の色塗りや丸ノコでの切断を、作業しやすい高さで行うことができます。
作業台としての役目を終えたら、天板を乗せてテーブルとしても使えます。

使い方

2組つくり、木材を渡して使う。

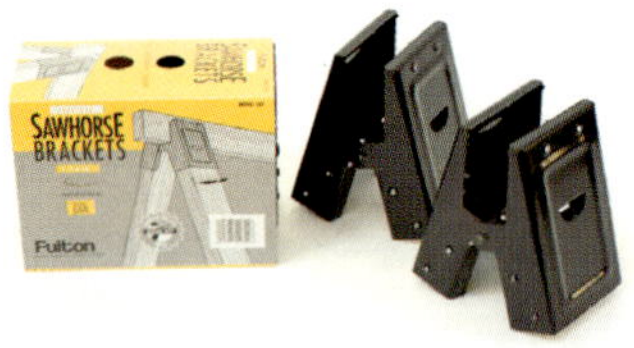

2×4材に対応する専用のソーホース・ブラケットを利用すると便利。

自分の身長に合った高さを考えて脚の長さを決め、ビスで脚にブラケットを留め、台座を挟みこむ。

木材の切り方の基本

切断後、木材がどう落ちるかを考え、安全に注意して安定した場所で切るようにしましょう。
写真は比較的コンパクトな丸ノコ。もっと大きな丸ノコもあります。

切りたい長さをメジャーで測り、印をつける（墨つけ）。

スコヤ（直角定規）で切断する箇所に線を引き、もう一度メジャーで確認する。

丸ノコガイド定規などを当てて、線に合わせて切断する。

木材の塗り方の基本

屋外でのお勧め塗料は、塗った後も木材が呼吸できる「屋外用油性ステイン塗料」。今回はステイン塗料を塗った後、エイジングを行いました。エイジングはジャンク、アンティーク風などのテイスト感を出すテクニックです。

必要なもの

水性工作用塗料 ヌーロ
エイジング塗料をつくる材料。白を使用。
※ウェスなど。

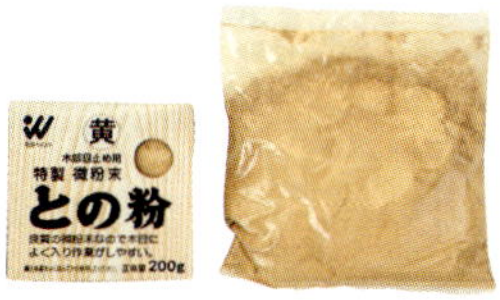

との粉
エイジング塗料をつくる材料。との粉には白、黄、赤などの色がありますが、今回は黄色を使用。

塗料用バケツ
エイジング用の塗料をつくるのに使用。

2×4材など表面がきれいに加工されている木材は、コテ刷毛で塗ると効率的。小口など細かい場所は刷毛も使います。

木材保護塗料 キシラデコール
木材に浸透し、劣化や害虫、カビを防ぐ働きのある、ガーデニングDIY向きの塗料。

塗り方

1 作業台に何本かの木材をまとめておく。塗りやすい広い面より、狭い面から塗るのがコツ。

2 塗料は分離しているのでよく振り、さらに棒などで撹拌してよく混ぜる。

3 使う刷毛やコテ刷毛にあった受け皿に塗料を注ぐ。

4 効率よく、側面からまとめて塗っていく。

5 小口も忘れずに。見えなくなる面も防腐防水効果を得るため、しっかり塗る。

エイジング加工

1 水500mlに対して水性工作用塗料を50ml、との粉を約100gの割合で混ぜる。

2 ステイン塗料が乾いた後の木材に、混ぜたエイジング用塗料を塗る。

3 エイジング塗料が完全に乾く前に、ウェスなどで軽くこする。

右はステイン塗料のみ、左はエイジング加工を施したもの。エイジングにより風合いが出ます。

Let's Try A シーティングパーゴラ

シーティングパーゴラとは、文字通り、「座ることのできるパーゴラ」のこと。ベンチとパーゴラが一体になったもので、上部のパーゴラ部分につるバラやつる性植物を誘引することができます。

今回はフェンスを背にして設置しましたが、背丈程度の高さまで奥壁があるため、フェンスがない場合は目隠しの役目も果たしてくれます。そのため、隣家との境目や道路沿いに設置するのにも向いています。

シーティングパーゴラなどのやや大きめの構造物は、面ごとにつくっていきます。順を追っていけば初心者でも無理なくつくれるので、中型木工の入り口としてチャレンジしてみてはいかがでしょうか。

作業目安 4～5日

ガーデンライトが点った夕方の風景。

［用意する主な資材］

座面……2×4材　455㎜×15本
奥壁、側壁……1×4材
1190㎜×24枚
枠用角材……75×75㎜
柱用 2300㎜×4本
横枠 1350㎜×5本
側面横桟 350㎜×6本
笠木……2×4材　1600㎜×2本
パーゴラ用桟……2×3材　800㎜×5本
外側壁板固定用の垂木……30×40㎜
背面用 1350㎜×2本
側面用 350㎜×4本
壁板ビス隠し用……1×1材
1350㎜×1
350㎜×2

金具用固定用タッピングビス　≒32㎜
座面・笠木用コーススレッドビス　≒65㎜
壁板用（スリムビス）　38㎜
75㎜角材同士の固定用ビス　≒120㎜
L字金具　≒70㎜幅
塗料、刷毛、ウェス（p59参照）
モルタル
※ビスはステンレスが良い

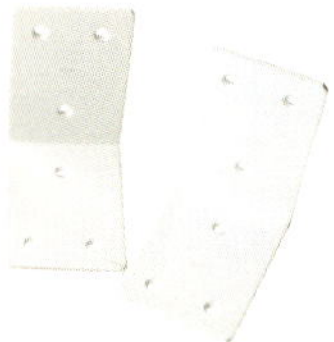
L字金具

［用意する主な道具］

丸ノコ、インパクトドライバーか
ドライバドリル、メジャー、サシガネ、
水平器、建築用鉛筆、バール

［準備しておくこと］

木材は設計図の図面通りにカットし、色を塗り、エイジング加工をしておきます。長い状態で塗装した場合は、切ってから小口を塗るのを忘れずに。

プラン図

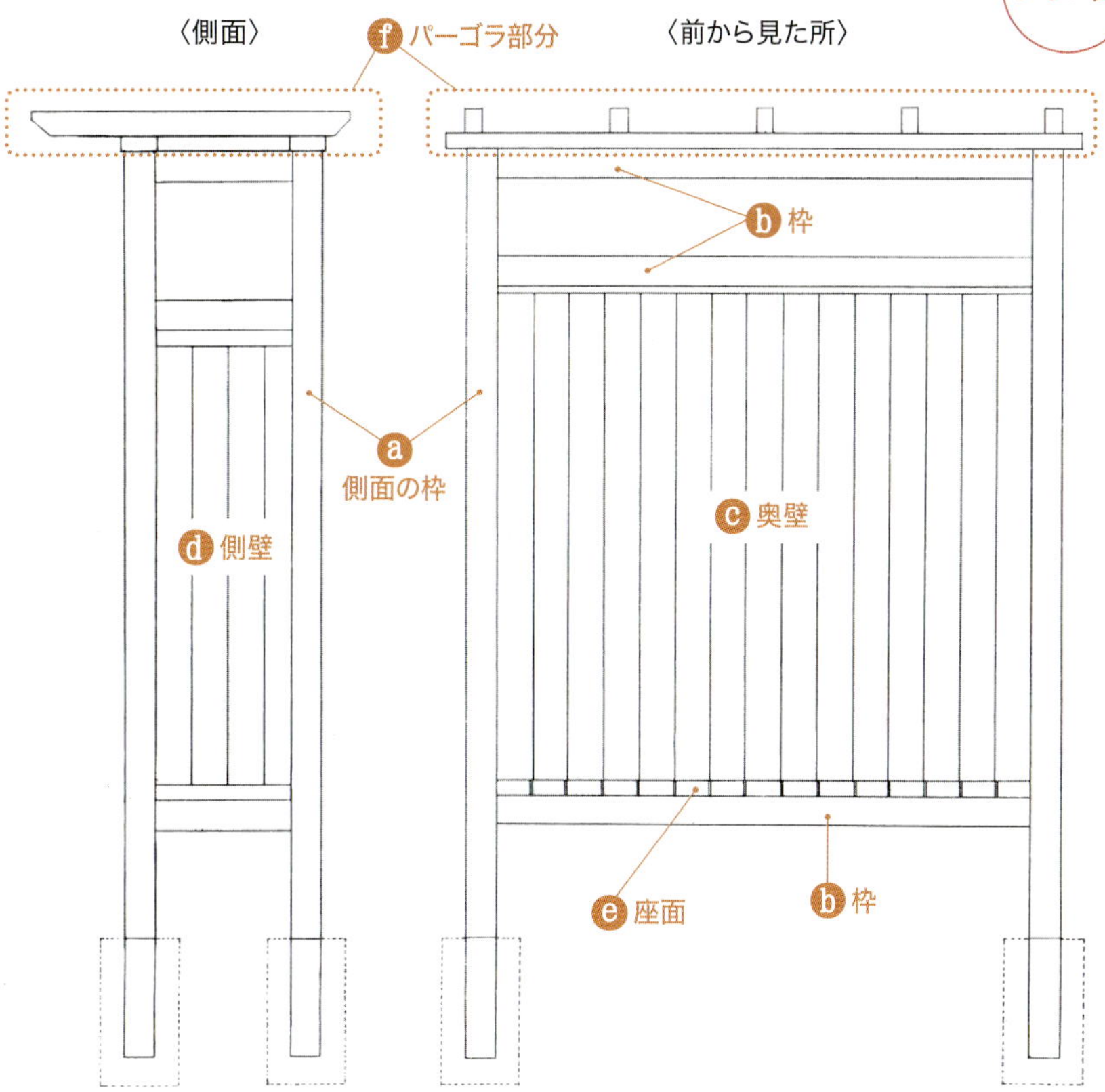

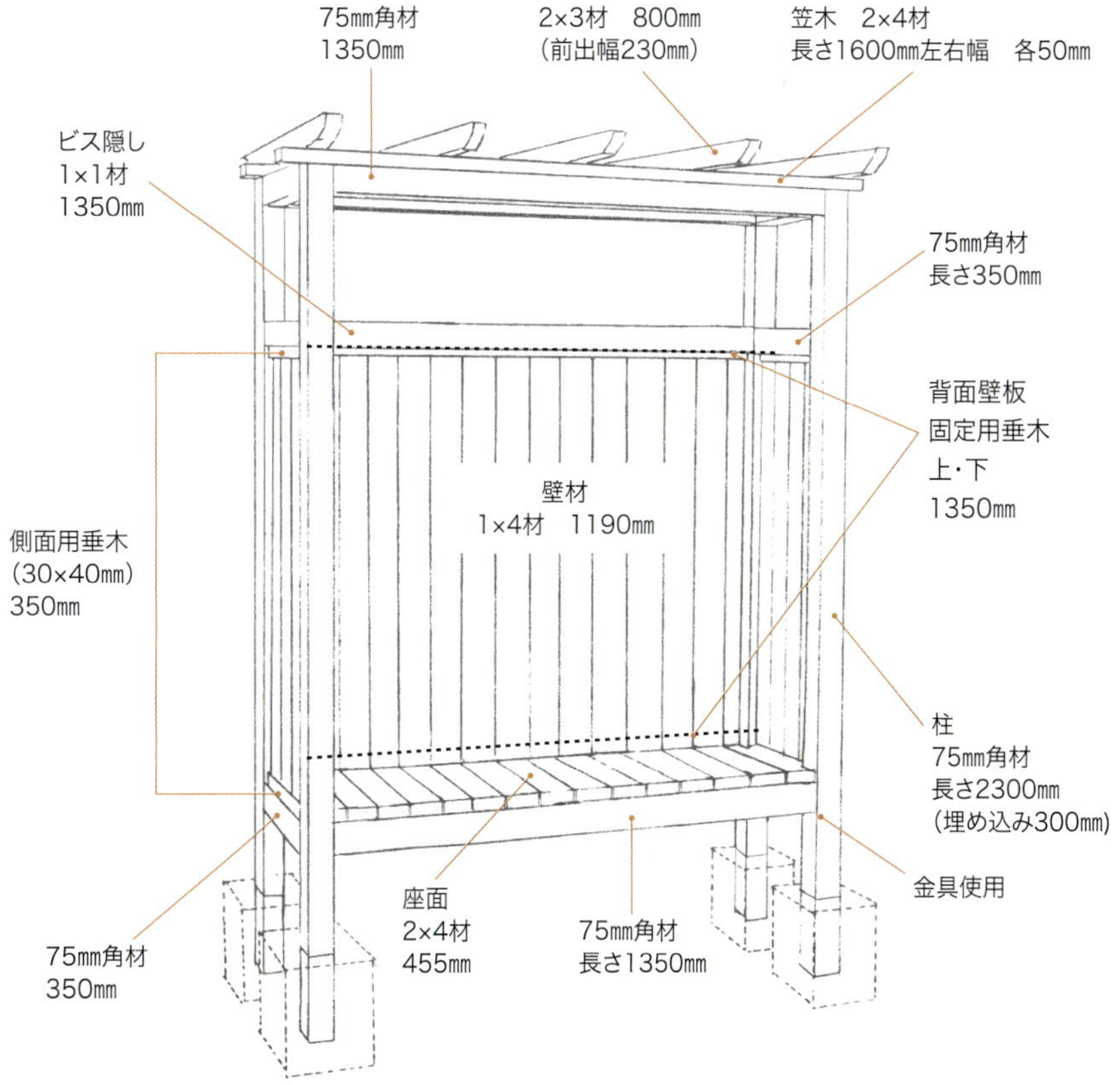

側面の枠aをつくる

2本の柱の間に入る横桟に垂木を固定しておき、柱材の間に120㎜のビスで固定します。

側面を組み立てる際は作業台を使い、ビスを打っていく。

横桟と垂木は、このように固定され、柱に留められている。

枠bを組み立てる

柱を立てる位置に深さ350～400㎜の穴を掘り、タンパーで穴の底を突いておきます。側面を穴に立てたら、枠の組み立て作業に進みます。

横枠用の角材をL字金具で固定する位置に、線を引く。

座った時の体重がかかる部分の穴なので、L字金具の穴に合わせてしっかりビスを打つ。

座面が乗る角材をL字金具に固定する。

背面側の角材には垂木も取りつける。同様に上部の枠も取りつける。

モルタルで柱を固定する

4本脚なので穴に埋めただけでも立ちますが、壁をつけると風を受けやすくなるので、安全のために穴をモルタルで固定します。

穴と柱の位置関係を調整し、柱をモルタルで巻けるよう、穴を大きくする。(モルタルについては76ページ参照)

高さを見ながらモルタルを詰める。一気に地際まで入れず、下のほうに入れて枠を一度持ち上げて調整。

水平や垂直を確認し、調整していく。

モルタルを上部まで詰める。この時も、水平や垂直を確認。

壁板の取りつけの際に力がかかるので、この状態で2日以上あけてモルタルが固まってから次の作業に移る。

奥壁c、側壁d、座面eの板を張る

柱の根元のモルタルが固まったら、奥壁、側壁、座面を張っていきます。壁板は38㎜のビスを、座面は65㎜のコーススレッドビスで固定します。

壁板を本体の内側から垂木に留める。スリムタイプのビスだと下穴は不要。木が割れる時は、壁材にドリルで下穴を開ける。

ビス位置に下穴を開けておき、座面を固定。水が溜まらないよう、座面の板同士をくっつけず、5㎜間隔の目地を取る。

壁材が外れるのを防止するとともにビス頭を目立たなくするため、19×19㎜の角材を内側に取りつける。

パーゴラ部分fを取りつける

パーゴラの桟は切り口を垂直にカットしてもかまいませんが、正面の部分を斜めに切り、サンダー（電動のやすり）で処理すると、より美しく仕上がります。

作業しやすい場所で、笠木となる2×4材にあらかじめ桟を打ちつけておく。

パーゴラを枠の芯に合わせて乗せ、65㎜のコーススレッドビスで笠木と枠を固定する。

できあがり

物置の横に自転車を置くので、フェンスで目立たなくし、隣家との境目も間接的に。

Let's Try B フェンス

作業目安 3600㎜幅で2〜3日

隣家や道路からの目隠し効果があり、植物の背景ともなるフェンス。庭の空間にプライベート感を出すために、欠かせないアイテムとも言えます。フェンスは面積が大きいだけに、庭の印象に大きく作用します。色や板の張り方など、プランニングの段階でしっかり検討しましょう。

すでにネットフェンスやブロック塀がある場合は、手前に立てかけるようにすると、簡単にフェンスを立てることができます。支えとなるものが何もない場所では、柱がぐらつかないよう固定することが大事です。また、柱を立てた場所が沈みこまないよう、整地をしておくこともコツ。水平器を利用して水平をきちんと測りながら作業をしましょう。

長持ちさせるポイント

笠木をつける

笠木が雨を受けてくれるので、横板の傷みを防げます。笠木が傷んだら、笠木のみ取り替えられます。

モルタルは地面の面より上に

柱の根元に水が溜まると、腐蝕の原因となります。モルタルの仕上がり面を地面より高くし、水が溜まるのを防ぎます。

隙間の間隔の決め方

目隠し優先の場合は隙間を狭く

敷地外に目に入れたくない風景がある場合、隙間を狭くすると目隠しになり、よりプライベート感が増します。

防犯性重視には隙間を広めに

隙間を広めに取ると、敷地外の人影がよく見えるので、防犯に役立ちます。

[用意する主な資材]

柱……75×75㎜　2300㎜×3本
（地上部≒1900㎜ 埋め込み400㎜）
横板……1×4材　3600㎜×14枚
笠木……2×6材　3640㎜×1枚
ステンスリムビス　40〜45㎜
コーススレッドビス　65〜75㎜
水糸
生セメント、川砂
塗料

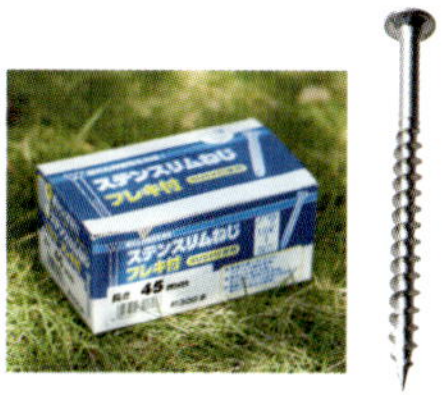

ステンスリムビス
さびにくく、細いので留める時に板が割れにくい。

[用意する主な道具]

メジャー、サシガネ、建築用鉛筆、丸ノコ（柱を自分で切る場合）、モルタルゴテ、タンパー（70ページ参照）

[あると便利な道具]

複式ショベル
縦穴を掘るための道具。少ない力で、無理なく深くまっすぐな穴が掘れます。

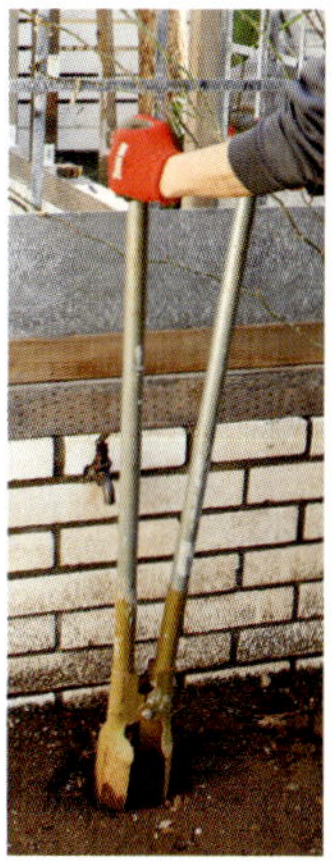

[準備しておくこと]

木材を仕上がりサイズに切断し、油性ステイン塗料で塗装。柱には横枝の位置に線を引いておきます。

柱の立て方のバリエーション

フェンスの柱の立て方には、さまざまな方法があります。環境や手間などを考えて、方法を選びましょう。

埋め込み用柱固定金具を使用

フェンスやラティスを立てるための金属製の金具。ブロックにかませるタイプもあります。

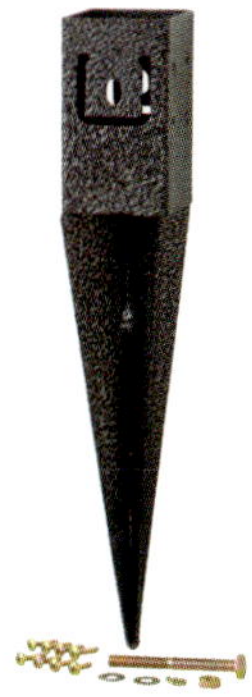

タカショー／地中杭（TKP-01）

ディメリット 既存のフェンスなど支えるものがないと、強風の時にやや心配。

メリット 柱を差し込んでビスで留めるだけなので設置やつくり直しが簡単。

フェンスブロックを使う方法

フェンスやラティスの柱を立てるためのコンクリート製の基礎。

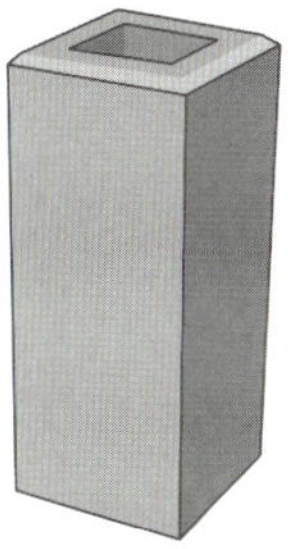

メリット 柱を立てた時の安定感があり、土に直接触れないので傷みにくい。

ディメリット 重たいので、作業時に運ぶのが大変。

モルタルで柱を固定する方法

柱のまわりにモルタルを流しこみ、固める方法。

ディメリット 慣れないと作業中に柱がぐらつき、垂直に立てられないことも。

メリット 作業が簡単で、セメント砂と水だけですむので材料費が安くすむ。

柱の位置を決める

既存の塀などがない場所に立てる場合は、何を基準にして平行を取るか、あらかじめ決めます。今回は敷地境界を基準にしています。

1 境界線からメジャーで測って平行の位置に水糸を張る。（水糸については71ページ参照）

2 水平器を使って確認しながら、水平に糸を張る。

3 水糸に沿って、柱を立てる穴を掘る。複式ショベルを使うと便利。柱が沈まないよう、タンパーなどで土の底部を突いておく。

ここがPoint

芝生が敷いてある場所は勾配がついている場合もあるので、水平は地面を基準にせず、水糸の高さを基準にしましょう。

4 基準の柱を設置したい高さに立てた場合、水糸から何cm埋まったところになるのかを確認して柱に線を引く。2本目、3本目の柱も同じ位置にマークしておく。

5 2本目、3本目の柱を穴に入れ、柱に引いた線と水糸の高さを合わせて高さを微調整する。

柱をモルタルで固める

おおまかな位置に柱が入ったら、モルタルを入れながらしっかりとした位置に固定します。（モルタルについては76ページを参照）

1 穴にモルタルを詰めていく。モルタルが緩すぎると柱の位置をうまく調整しにくいので、硬さに注意。

2 棒などでよく突いて隙間がないようにし、基準の水糸と柱に引いた高さのマークを合わせていく。

3 モルタルは地際より高くなるようにし、コテなどで表面を滑らかに仕上げる。

植栽について

フェンスを背景に植栽エリアをつくる際は、曲線的にすると、目に馴染みやすい風景に。フェンス寄りの部分は低木で高さを出すのがコツです。

植栽にしたい部分に、植えつけを予定している植物をポットのまま並べてみる。

←

植栽部分の芝生をカットしてはぎとり、耕してたい肥と元肥を鋤きこんでおく。

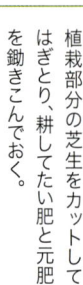

柱を垂直に固定

モルタルが固まるまでの間に風にあおられたりすると、柱の位置がずれてしまうこともあります。垂直に固定しておきましょう。

柱のきわに、添え木にする角材を斜めに地面に打ちこむ。

水平器で垂直を確認し、添え木の位置を決める。

添え木はビスで柱に軽く留めておく。

ビスを留めた後、再度垂直を確認。ずれていたら微調整する。

2本の添え木を90度方向に留め、モルタルが固まるまでこのままにしておく。

横板と笠木を張る

柱に横板を固定するのはステンスリムビス40～45㎜、笠木の固定にはコーススレッドビス65～75㎜を使用します。

横板にビスを打つ場所をマークしておき、軽くねじこんでおく。

柱に横板を張る場所をマークしておき、上から張っていく。板の隙間は30㎜としている。1人で作業する場合は下から張っていき、次の段を留める途中、ひとつ下の段を支えにする方法もある。

笠木をビスで柱の頭に留める。

できあがり

さまざまなテイストのウッドフェンス

面積が広い分、テイストに大きな影響があるフェンス。
板の張り方や色、塗装の仕方によって、さまざまなテイストが出せます。
自分がどんな庭をつくりたいかによって、
フェンスの仕上げ方を考えましょう。

縦か横か

板を横に張ると左右の空間に広さを感じさせ、安定感があります。縦に張ると上方向への力を感じさせます。

同系色か ポイントカラーか

土や樹木の枝と同じアースカラーで塗装すると落ち着いた印象に。ホワイトや深緑色など、アクセントカラーを使うと空間がイキイキとします。

ナチュラルか シャープか

磨いていない板を使用したり高さをランダムにすると、ナチュラルな雰囲気に。右の例はブラックで塗装し、縦横の張り方を混ぜることでシャープな印象に。

Let's Try C 棚

フェンスに棚をつけると、鉢や小物を飾ることができ、より自分好みの空間を演出することができます。フェンスだけではのっぺりとした印象になりがちな場合はとくに、棚を取りつけることで、風景にメリハリが生まれます。

棚受けの金具は、アイアンのアンティーク風のものなど、さまざまなデザインのものが売られています。本物のアンティークの場合は、サビも風合いになります。棚板の色とのマッチングを考え、自分らしいディスプレイ空間をつくってください。

フェンスの色に合わせて白の棚受け金具（棚受けブラケット）をチョイス。

作業目安 1時間

金具をビスでフェンスに取りつけ、棚板を乗せてビス留めするだけでOK。

Let's Try D

アプローチ(小道)

庭を歩くための小道がアプローチ。動線確保だけではなく、庭をエリア分けする役目もあります。T家の庭では、アプローチが芝生のエリアと植栽エリアを分けています。

既存の大きな木と調和する時代感を出すため、ペイビング材として実際にヨーロッパの道で使われていたベルギーストーンを選びました。モルタルを使わない施工法なのでDIY初心者でもやりやすく、将来庭をつくり直したい時も、取り外しが簡単です。

作業目安 3～4日

[用意する主な道具]

シャベル、メジャー、水平器、水糸、タンパー、ゴムハンマー、ブラシ
【枕木用】丸ノコ、サシガネ

自家製タンパーのつくり方

端材などを利用して簡単にタンパーをつくることができます。今回は90×90mmの角材(約70cm)と、45×45mmの角材(約80cm)を利用。片側3箇所ずつビスで留めています。身長に合わせて、使いやすい高さに調整しましょう。

高さ:約120cm

[用意する主な資材]

ベルギーストーン
枕木
路盤材、砂、
ライン引き用石灰*
*なければ鹿沼土や小麦粉などでも代用可。

ベルギーストーン

路盤材

さまざまな大きさの砕石を混ぜたもので、ペイビング材表面からの荷重を分散させ、部分的に沈むのを防ぎます。

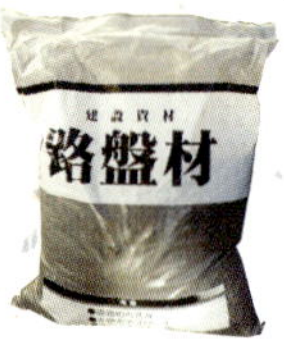

ライン引き用石灰

校庭やグラウンドなどで白線を引くための石灰。時間の経過や雨で自然に消えていきます。

石を敷く場所を決める

まず、石を地面に並べてみましょう。できれば家の2階など離れたところから全体のバランスを確認して、位置や曲線の具合などを調整するといいでしょう。

1 石を並べて2階から見たところ。曲線が自然かどうかなど、全体のバランスを確認。枕木を入れるスペースはあけてある。

2 ペットボトルの底を切ったものにライン引き用石灰を入れる。

3 ボトルの口から石灰を出し、アプローチの外側にラインを引いていく。

4 ラインを引き終えたところ。

5 石をラインの外に移動させる。

仕上がりにこだわるなら水糸で水平を取る

アプローチは多少勾配がついても問題ありませんが、スタートとゴールに糸を張り、自然な勾配に合わせたほうがうまくいきます。

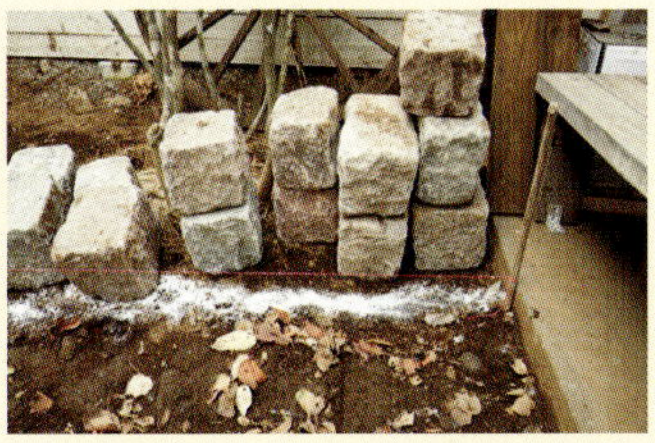

水糸の張り方

水糸とは水平を取るために用いる糸のこと。ブロック積みやウッドデッキなどをつくる際に欠かせません。調整するためにほどくこともあるので、ほどきやすく、しかもずれない結び方をする必要があります。

水糸は丈夫な材質で、土の上などでも目立つ蛍光カラーのものが主流。

水糸の結び方

1 指の上で輪をつくる。

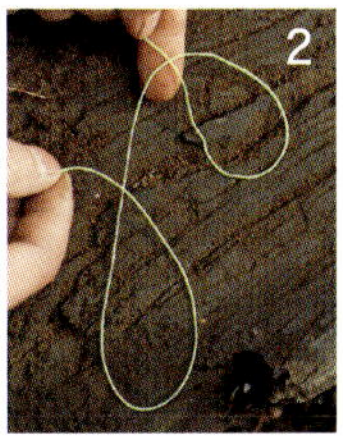

2 もう1つ輪をつくる。

3 あとでつくった輪を上に2つ重ね合わせる。

4 木や鉄筋の杭に2つの輪をはめる。

5 水糸の両端を引っ張る。

張り方

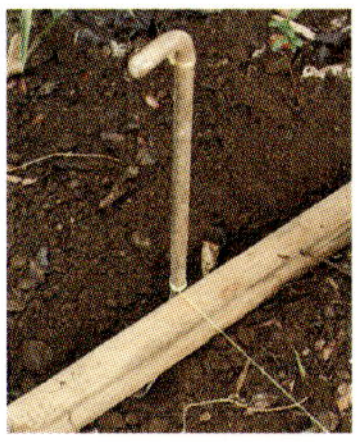

基準となる高さを決め、角材を下から当てる。

別の杭に水糸をかけて木材を基準に高さを決め、水平器で確認。

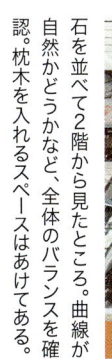

基礎をつくる

アプローチに石を敷くための下地をつくります。時間の経過とともにペイビング材が沈んだり、でこぼこになることを防ぐための大事な作業です。掘り上げた土は後から使うので、近くに置いておきましょう。

1 ラインの内側をシャベルかジョレンなどで掘っていく。深さの目安は、（石の厚み－地上に出す高さ）＋路盤材50㎜＋砂30㎜。

2 石の厚みは160㎜。地上に30㎜出す予定なので、210㎜の深さに掘ったところ。

3 路盤材を底に均等に敷いていく。

4 後から石が沈まないよう、タンパーで突き固めておくと安心。

5 石の頭が地際から30㎜出る前提で、高さを確認。

6 砂を入れて高さと路盤材のでこぼこを調整。

石を敷く

今回取り入れたモルタルを使わない「土決め」は、厚みのある石やレンガに応用できる方法です。薄い石版やタイルには向きません。

1 石の大小のバランスを見ながら配置し、ハンマーの柄で目地を揃える。

2 できあがりよりやや高めになるように、石の下に砂を入れておく。

3 ゴムハンマーで軽く叩いて、高さを微調整する。

4 余分な砂は手前に逃がしながら作業を進める。

5 高さが揃った状態。

6 掘り上げた土をシャベルやジョレンなどで戻し、アプローチの外側や目地の間にも入れる。

7 目地の間に土がしっかり入ることで、石が動かなくなる。

8 ハンマーの柄で突くようにすると、目地に土がしっかり入る。

9 石の表面の土は、ブラシなどで取り除く。

枕木を敷く

もともと庭にあった枕木を、アプローチのアクセントとして使うことに。敷き方は自然石と同じ「土決め」です。枕木を切る際は、中に金属が入っていないか注意しましょう。

1 チェーンソーか丸ノコを使って、使いたいサイズに枕木をカット。

2 石同様、地上から30㎜出ることを前提に土を掘り、路盤材を入れて高さを見る。

3 路盤材の上に砂を敷き、高さを調整。

4 枕木のまわりに土を入れて、よく突き固める。

できあがり

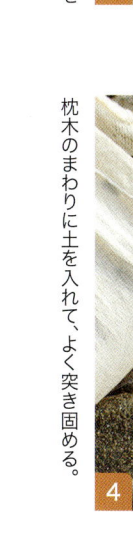

さまざまなアプローチ

門から家の玄関までの道や庭のアプローチは、
エクステリアや庭の印象を決める大事なアイテム。
ペイビング材の種類や色、敷き方によって、
かなり印象が変わります。
オープンガーデンなどさまざまな例を見て、
庭づくりの参考にしてください。

単一素材か複数の素材の組み合わせか

一種類だけのペイビング材を使う方法と、複数混ぜて使う方法があります。
単一だとシンプルな美しさが、複数だとリズム感や遊び感覚が生まれます。

単一素材

乱形石材

ランダムに割った石のアプローチは、シャープでありながらナチュラルさも感じられます。

ピンコロ石

立方形の自然石は、ヨーロッパの石畳のような放射状の敷き方をしても魅力的。

複数素材の組み合わせ

枕木×レンガ

ナチュラルで素朴なテイストが出る組み合わせ。隙間にグラウンドカバーを植えるとさらに自然な雰囲気に。

枕木×砂利

木と石という対照的な素材でリズミカルな印象に。砂利は雑草防止や、足音がするので防犯の役目もあります。

方形石材×レンガ×小石

玄関までのアプローチなどある程度幅をとれる場所は、複数素材でデザイン的に遊ぶのも楽しいのでは。

直線のアプローチ

直線か曲線か

直線のアプローチはモダンでシャープな印象に。
曲線は遠近感を強調して広く見せる効果があり、
先が見えないことでのワクワク感を演出できます。

曲線のアプローチ

ペイビングで個性を

自由な発想でペイビング材や敷き方を
選ぶことで、個性的な表現を楽しめます。
アプローチだけではなく、ミニパティオなどにも
応用できます。ぜひ試してみてください。

さまざまなレンガを使って

色もサイズも違うレンガの組み合わせ。オリジナリティ豊かな床面が生まれます。

絵を描く感覚で自由に

モルタルには小石やタイルなど、さまざまなものを埋めこむことができます。アプローチの途中に装飾を施すのも、楽しいのでは。

モルタルデコでポイントを

乱形石材のペイビングの中に、モルタルでつくったステップストーンを埋めこんでいます。

縦か横か

同じ素材でも縦に並べるか横に並べるかで、印象がかなり違います。
一般的に縦に並べると遠近感が強調され、
横に並べるとリズム感が生まれます。
庭の広さやデザインに合わせて敷き方を考えましょう。

レンガ　基本サイズだけではなく、半分に割ったものを組み合わせると、敷き方のバリエーションが広がります。

枕木　長い枕木を縦に並べたアプローチは、道をカーブさせるのは難しいので、どちらかというと広い庭向き。横に敷く場合は、短い枕木が必要です。長い枕木をカットするのは大変ですが、最近は本物そっくりのコンクリート製のものなど、材質もサイズもいろいろあります。

ビスの種類と打ち方

木材どうしを接合する際に欠かせないのがビス。らせん状の刃が木材に食いつくため、同サイズの釘よりも接合力が強く、インパクトドライバーやドライバドリルを使えばスピーディーに接合できます。

ガーデンDIYでは、ステンレス製のビスを選ぶとサビを防げます。よく使われるのは、コーススレッドや細軸コーススレッドと呼ばれるタイプのビス。太さや長さが違うものを何種類か常備しておくことをお勧めします。

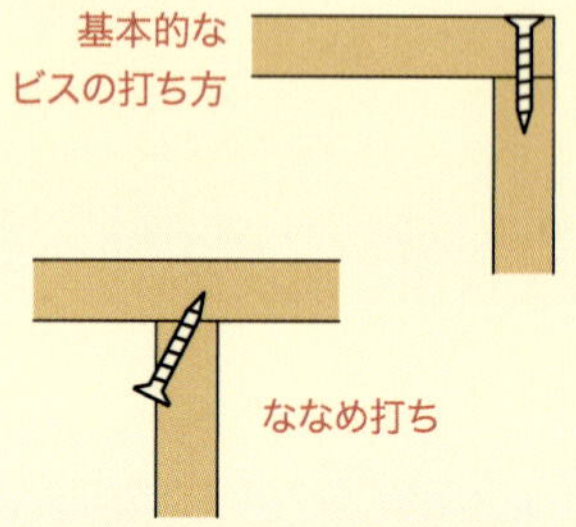

ビスの打ち方

接合部分に直角に打つのが基本。基本的なやり方で打てない場合は、方向を変えるなど工夫して打ちましょう。

特殊なビス

パネル工法用ビス（断熱パネル用ビス）

本来は壁材から柱まで貫通させて使うビス。長さを必要とする箇所に使えます。

ウッドデッキ用ビス

堅い木材や厚い木材など、負荷がかかるビス打ちに適したビス。ねじ頭がつぶれにくく、安定した打ちこみができる、四角穴タイプのものが主流です。

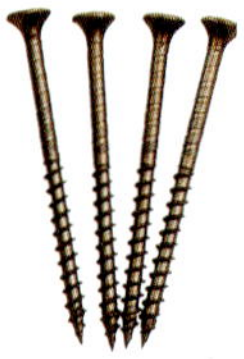

コーススレッド

一般のビスに比べてらせんの刃が高く、木材に速くガッチリ食いこみます。刃がない部分のある半ネジと、上まで刃があるタイプがあります。

サイズの例（mm）

太さ		長さ
3.8	×	25
3.8	×	38
3.8	×	51

太さ		長さ
3.8	×	57
4.2	×	65
4.8	×	75

細軸コーススレッド

細身のコーススレッドで、スリムビス、スレンダービスとも呼ばれます。細い垂木の接合やガーデン小物など、細かい接合箇所に使います。

サイズの例（mm）

太さ		長さ
3.3	×	25
3.3	×	30
3.3	×	45

太さ		長さ
3.3	×	50
3.8	×	55
3.8	×	65

モルタルとコンクリートの違いは？

モルタルもコンクリートも、どちらもセメントを原料とします。モルタルはセメントに砂と水を加えて練ったもの。コンクリートはセメントに砂、砂利を加えて練ったものです。

大きな違いは強度です。コンクリートは強度が高いので、建物やレンガ積みの基礎、駐車場など強度が必要な場所に使います。一方モルタルはコンクリートほど強度がないかわりに、繊細な作業が可能。ブロックやレンガを積む際の目地や、コンクリートの表面の仕上げなど滑らかさを要求される場合は、モルタルを使います。

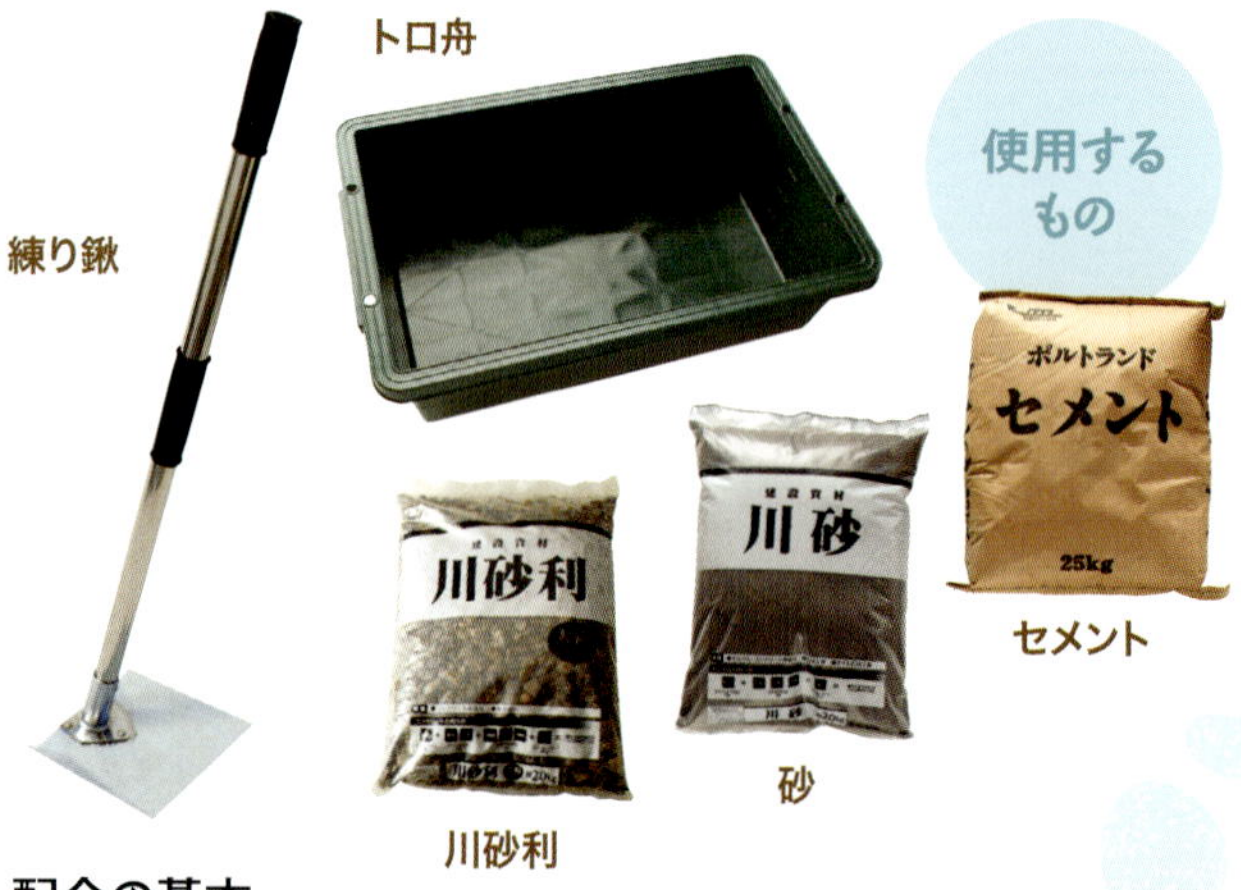

配合の基本

	セメント	砂	砂利
コンクリート	1	3	6
モルタル	1	3	不要
目地モルタル	1	2	不要

砂の湿り具合などによって硬さが変わるので、あくまで目安です。自分が使いやすい硬さに調整してください。

モルタル・コンクリートのつくり方

セメントと砂を乾いた状態のままよく混ぜる。

水を加えてよく練る。ここで作業を終えるとモルタルになる。

砂利を投入し、さらによく混ぜて練り上げるとコンクリートに。

Let's Try E 縁側

今回、縁側とウッドデッキの床面が一体化するデザインを採用。T家の家屋の1階には3つの部屋がありますが、縁側が建物の端から端までつながっているので、どの部屋からも縁側をつたってウッドデッキに出られます。また、部屋からすぐにハーブなどを摘めるよう、ミニキッチンガーデンも設けました。

T家の場合、家屋沿いにコンクリートのたたきがあったので、それをそのまま利用して縁側を設置しました。縁側は直線のみでシンプルな構造なので、初心者でも無理なくつくることができます。木材を長いまま使うので、木材の運搬方法や搬入経路を考慮しましょう。

作業目安 5～7日

（右）ウッドデッキと床面がつながっている。（上）縁側の一角に設けたミニキッチンガーデン。

準備

❶ 設計図を描く

縁側の寸法を決めて、どんなサイズの木材がどれだけ必要か、割り出します。基本的には2×材のサイズ（6f、10f、12f）を基準にすると、無駄なく材を使うことができます。

❷ 天板《てんばん》、根太《ねだ》、束柱《つかばしら》、幕板用の木材を用意する

設計図をもとに、必要な木材の量を割り出します。縁側に必要なのは、基本的に天板、根太、束柱、幕板の4種。塗装もすませておきます。

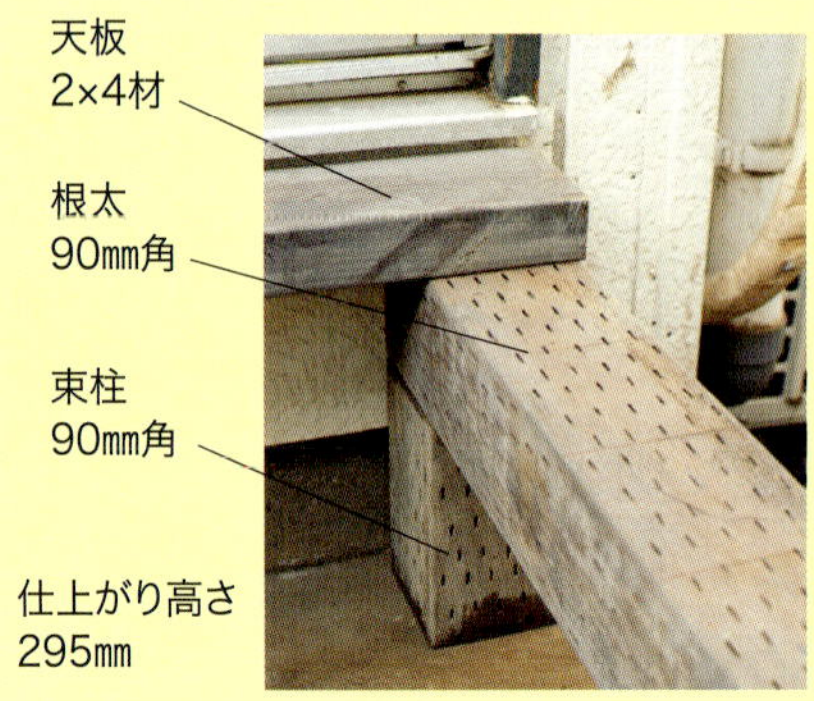

束柱で高さを出し、根太を支え、その上に天板を張ります。束柱の高さは、天板の仕上がりの高さから逆算。この場合、天板40㎜と根太90㎜を引いた165㎜が束柱の高さになります。

天板寸法図

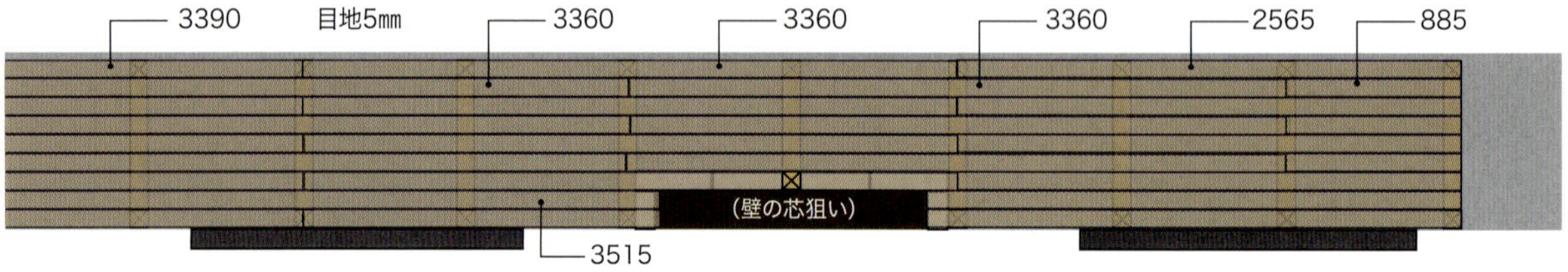

束柱、根太寸法図

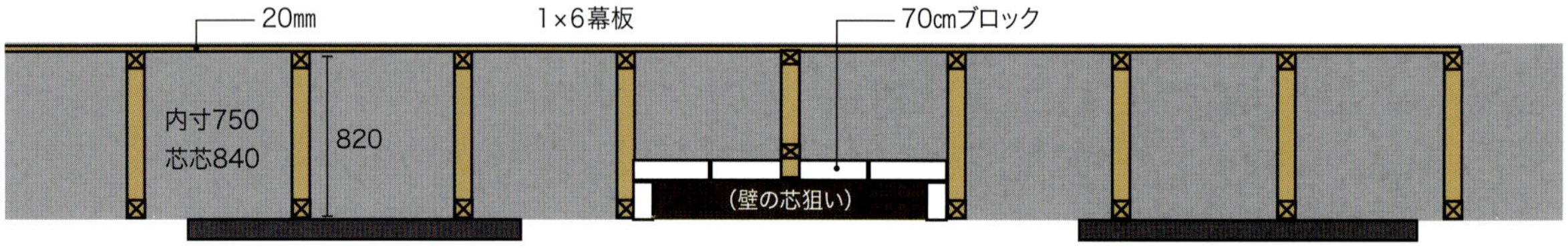

奥行きは、2×4材9本＋目地5㎜で計算し、根太の長さ≒840㎜を割り出しています。単位は㎜。

[あると便利な道具]

墨つぼ

墨を入れ、糸を引き出して弾くことで木材に直線を引く道具。一度に数本の木材に線を引くこともできます。下の写真は根太に天板のくる位置をまとめて墨つけしているところ。

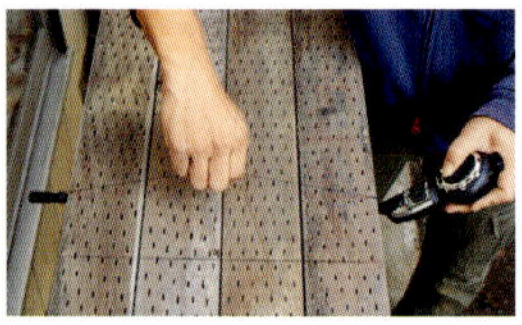

2×4定規

2×4材のサイズに合わせた定規。直角や45度の線引き、小口や側面の中心点や中心線が簡単に引けます。

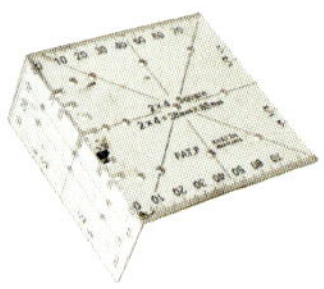

[用意する主な道具]

メジャー、サシガネ、建築用鉛筆、
丸ノコ、手ノコ、水平器
インパクトドライバー
インパクトドライバー対応のドリルビット
ブロックタガネ、ゴムハンマー、
ブロックゴテ、目地ゴテ

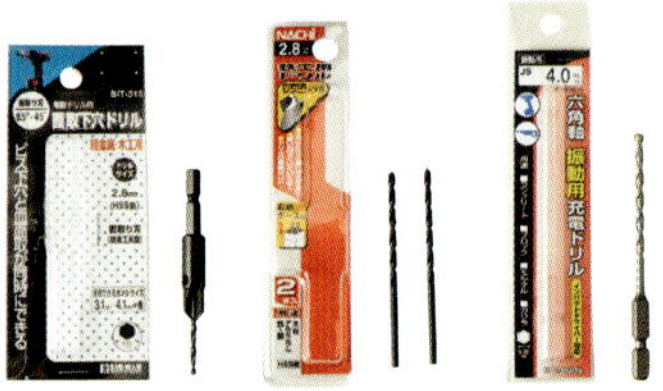

インパクトドライバー対応のドリルビット

ブロックゴテ

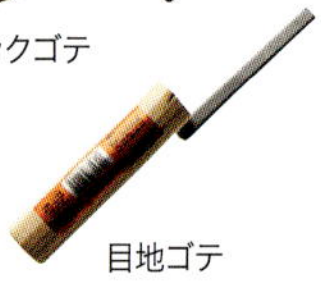

目地ゴテ

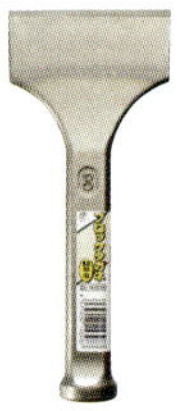

ブロックタガネ

[用意する主な資材]

天板用材木　2×4（12f）
束柱、根太用材木　90×90㎜
幕板用材木 1×6（12f）
アルミL字金具
ビス類
　コンクリート用偏芯プラグ
　パネリード　135㎜
　ウッドデッキ用ビス　65㎜
コンクリートブロック　390×190×70㎜
差筋アンカー　D10×450㎜
生セメント、川砂

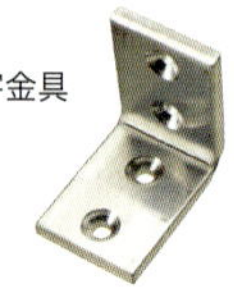

アルミL字金具

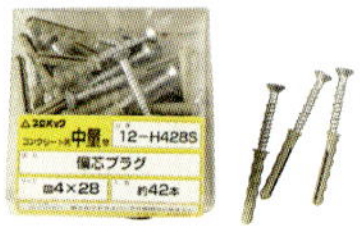

コンクリート用偏芯プラグ

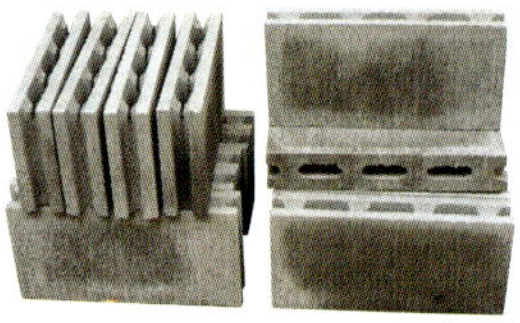

コンクリートブロック（70㎜幅）

パネリード

ウッドデッキ用ビス

差筋アンカー

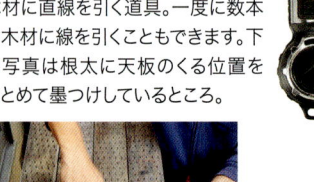

植栽スペースをつくる

植栽スペースをつくる際は、束柱や根太との関係を考えて場所を決めます。ブロックはできあがりの高さに合わせ、必要に応じてカットします。

1
植栽をつくりたい場所にブロックを仮置きして、差筋アンカーを立てる場所を確認。建築用鉛筆で印をつける。

2
穴の真ん中に差筋アンカーを打つので、その場所に印をつけておく。

3
ドリルで、差筋アンカーを打つ場所に下穴を開ける。

4
アンカー部を穴に差して鉄筋を上から叩くと、アンカーが広がりガッチリ固定される。

ここがPoint

5
モルタルはバケツの側面を利用して適量を細長く切り取る。（ここではバケツに合わせてレンガゴテを使用）

6
印を頼りに、ブロックを配置する位置にモルタルを置いていく。

7
モルタルの上にブロックを置き、上からゴムハンマーで軽く叩いて上面を揃える。

8
水平を確認しながら、側面も同じ要領で並べていく。

9
差筋アンカー部分、ブロックのつなぎ目部分にモルタルを流しこんで固定する。

10
上の段も同じ要領で積んでいく。外部から見えない場所なので、目地を整える作業は省く。目地の一部に目地ゴテを通して、水抜き穴をつくって完成。

できあがり

ブロックカット方法

1. ブロックの両面に、カットする場所に線を引く。
2. ブロックタガネを垂直に線にあて、ハンマーで軽く打ち、少しずつずらしていく。
3. これを何度か繰り返すとカットできる。

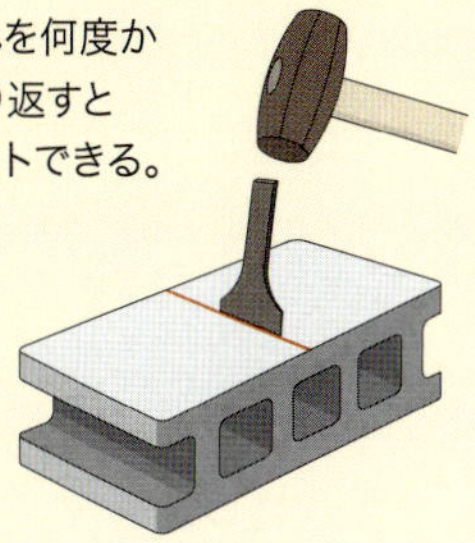

束柱と根太をつくる

天板を支える部分をつくります。根太にはあらかじめ、天板がくる場所に印をつけておきます。墨つぼを利用すると便利。(78ページ参照)

基準のスタート位置を決め、根太がくる位置に印をつけていく。できるだけ長いメジャーを使い、根太の入る間隔を足しながら印をつける。

上のように印を入れると、線が根太の左か右かわからなくならない。

仕上がりから40㎜引いた位置に、束柱＋根太がくるかを確認。

下穴を開けてから、135㎜のパネリードで固定。

ビス1本だとずれる可能性があるので、65㎜のビスで斜め打ちしておく。

束柱と根太を接合する際、ずれないように、支えを置いて安定させて作業するように。

接合された束柱と根太を所定の位置に並べる。

コンクリートにL字金具と偏心プラグで束柱を固定。金具の穴の位置に印をつけ、コンクリート用ドリルビットで下穴を開ける。

穴の中の削り粉をよく吹き飛ばしてから、プラグを差し込む。

プラグをめがけてビスを打ち、金具を固定する。

L字金具をビスで束柱に留める。ビス穴すべてにビスを打つように。

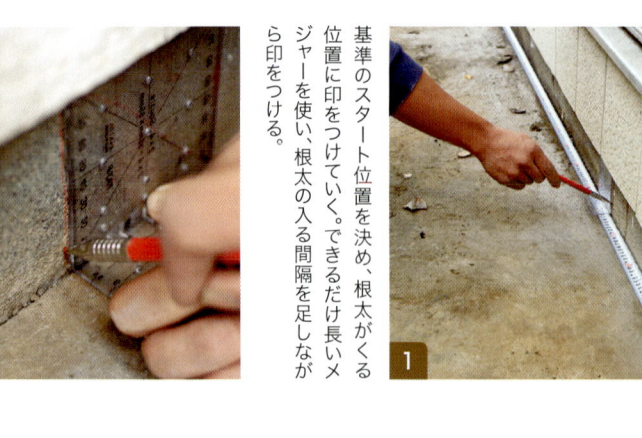

天板を張る

縁側に水が溜まらないよう、目地をあけて張るのがコツ。5㎜を目安に設計しているので、張っている途中で目地が詰まる場合はバールなどを使って調整しましょう。（86ページ参照）

天板は、目地が重ならないよう、互い違いに張っていく。

建物に隣接する天板は、家の構造を確認して、必要に応じて木材を手ノコなどで切っておく。

ビスを打つ位置に、あらかじめ下穴と、ビスの頭がおさまるよう座彫りを行っておく。

下穴と座彫りが同時に行えるドリルビットも市販されている。

位置をよく確認して、65㎜のウッドデッキ用ビスで根太に天板を固定する。

根太には2枚の板が重なるので、中心線を書いておくと便利。

一番外側の天板は束柱より外に張り出すため、ビスの位置が他の板とは違う。

天板を張り終えた状態。

足元を隠して見た目をよくするため、1×6材で幕板を張っていく。

一部を収納スペースにするため、幕板の一部を開閉式に。扉部分に対応するように1×6材を縦に割いて用意する。

垂木と幕板に蝶番をつけて、開閉できるようにし、1×6材を割いた固定用の細い材を根太に打ちつける。

できあがり

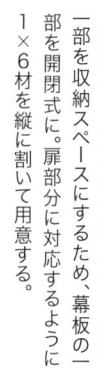

Let's Try F ウッドデッキ

床面のまわりにレンガを積み、柱を立ててパーゴラを備えた、リビングルーム感覚のウッドデッキ。柱壁部分には亜鉛どぶ漬け加工の格子をはめこみ、より〝部屋〟感のある空間に仕上げています。（格子は有福先生のオリジナル製品）

ただ、レンガ積みや柱立ては、それなりに技術を要しますし、時間もかかります。初心者は最初からハードルを上げず、まずは天板部分までを完成させ、DIYの自信がついてから次の段階にチャレンジしてもいいでしょう。

作業目安 12～20日（床板のみの場合5～8日）

格子にはつるバラを誘引したり、ハンギングなどをかけて楽しむことができる。奥の棚には小物を。

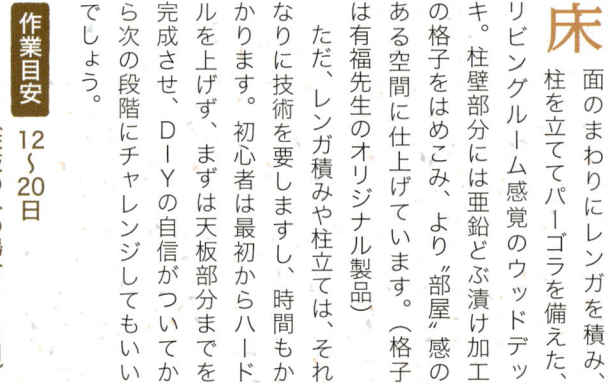

準備

❶ 設計図を描く

設計図を描いて、必要な木材を計算します。今回は、天板の長さは2700㎜に。その外側にレンガを積みます。根太の位置、基礎石（沓石）の位置も書きこんでおきましょう。

❷ 材料を用意する

天板や根太、束柱（78ページ参照）など必要な木材を用意し、油性ステイン塗料で塗り、エイジング加工をしておきます。レンガは必要な個数を計算し、念のため少し多めに用意しましょう。

天板寸法図

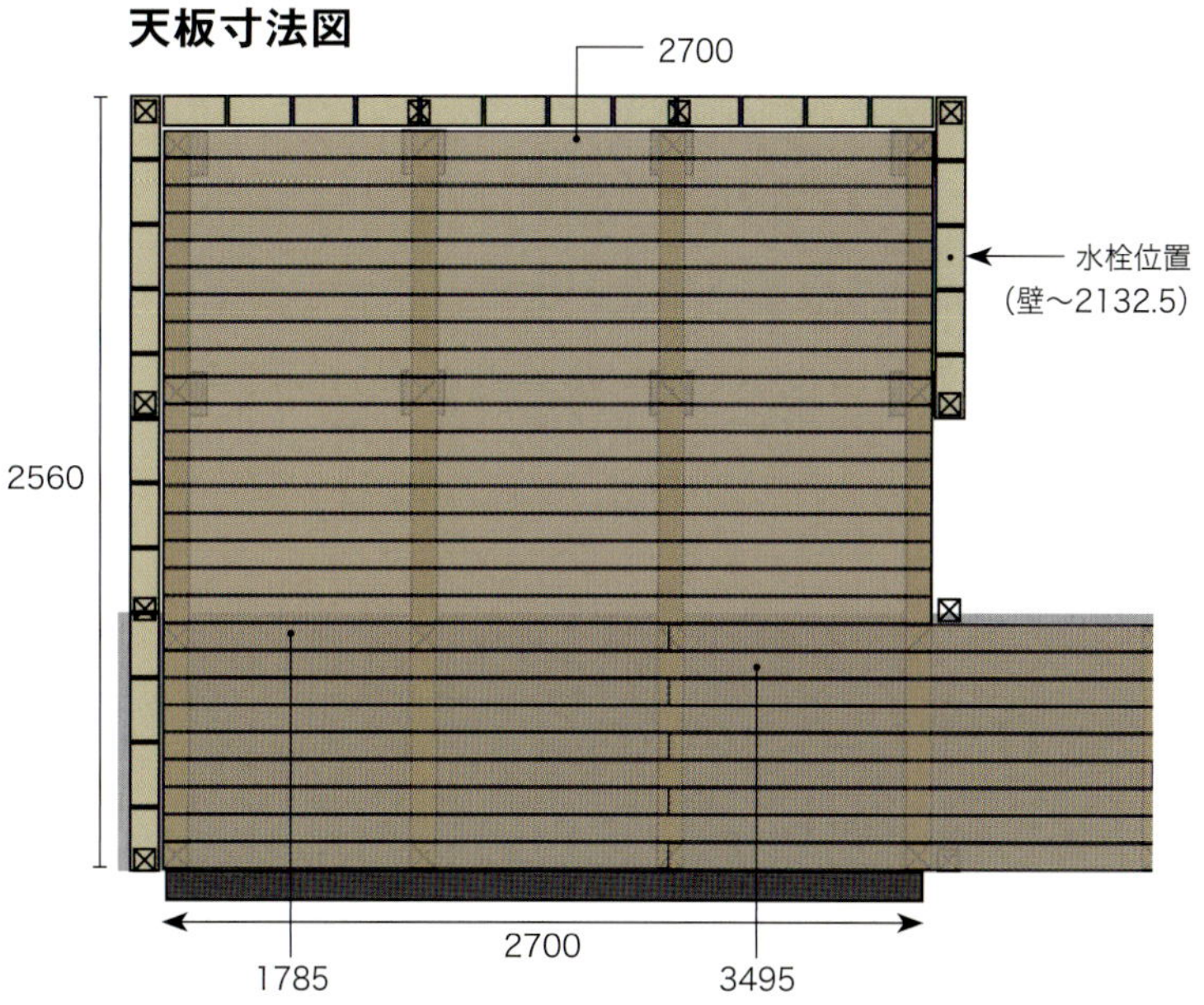

単位は㎜。

束柱、根太寸法図

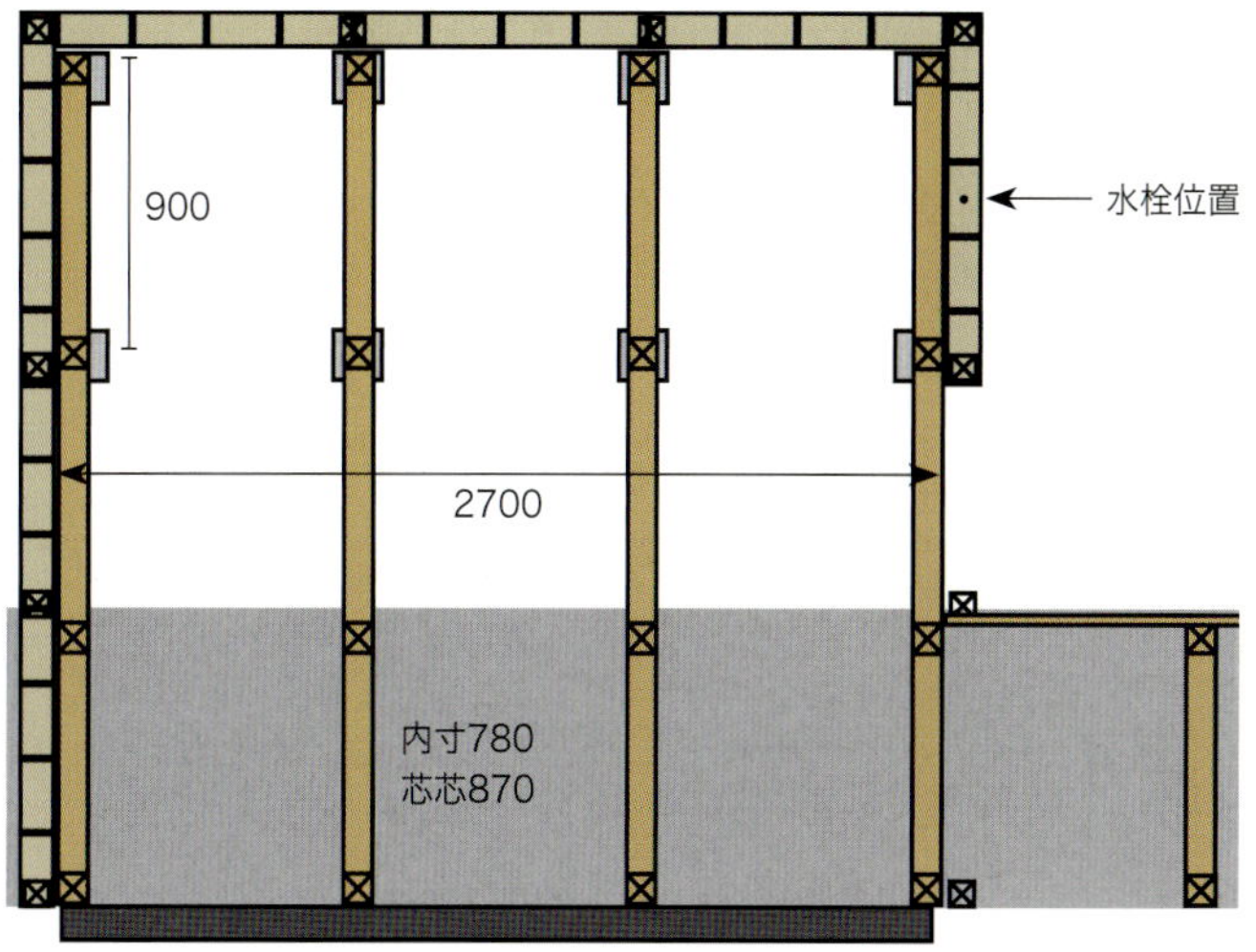

犬走り〜天板　高さ≒295㎜

［用意する主な資材］

基礎石（沓石）
防草シート、ピン
スペーサー
路盤材
川砂利
天板用木材
2×4材
2700㎜×18本
（廊下とつながる部分は含まず）
束柱、根太用木材　90×90㎜
幕板用木材　1×6材
アルミL字金具
レンガ
鉄筋　D−10
差筋アンカー
六角ボルト　130㎜
生セメント、川砂
ビス類
　パネリード　6×135㎜
　ウッドデッキ用ビス　65㎜

基礎石

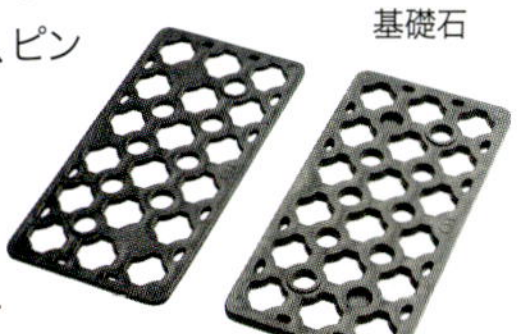
スペーサー

防草シート、ピン

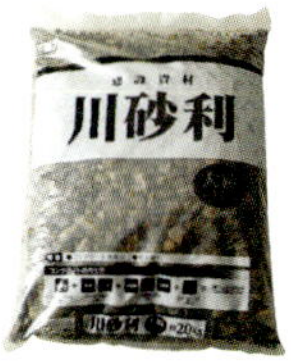

川砂利

アルミL字金具

六角ボルト

ウッドデッキ用ビス

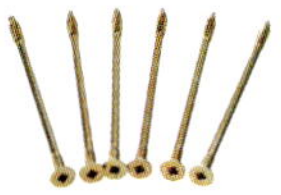
パネリード

［用意する主な道具］

メジャー、サシガネ、建築用鉛筆、水糸、
丸ノコ、手ノコ、水平器、ゴムハンマー
練り鍬
インパクトドライバー
ブロックタガネ、ブロックゴテ
目地ゴテ、タンパー
カナヅチ、カッター

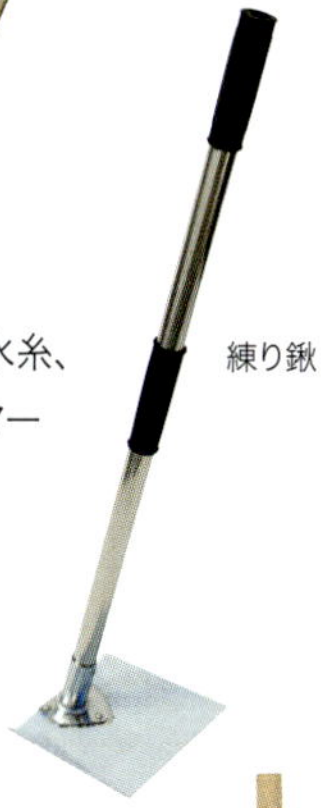
練り鍬

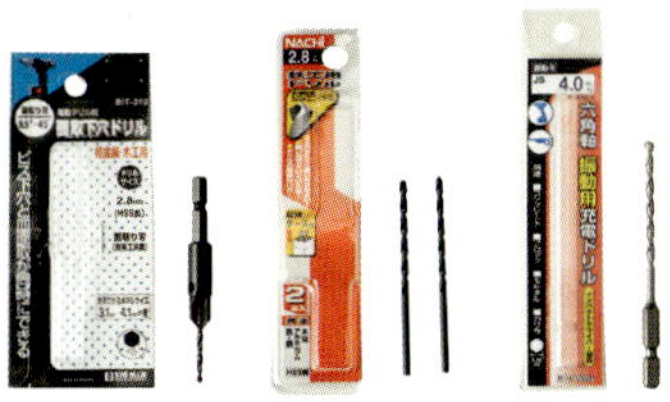
インパクトドライバー対応のドリルビット

ブロックゴテ

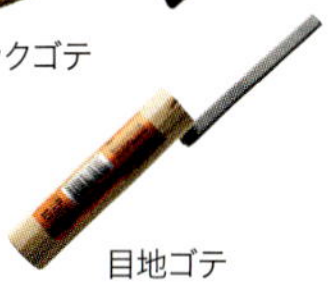
目地ゴテ

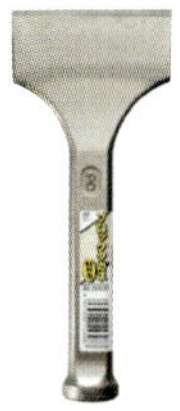
ブロックタガネ

タンパー

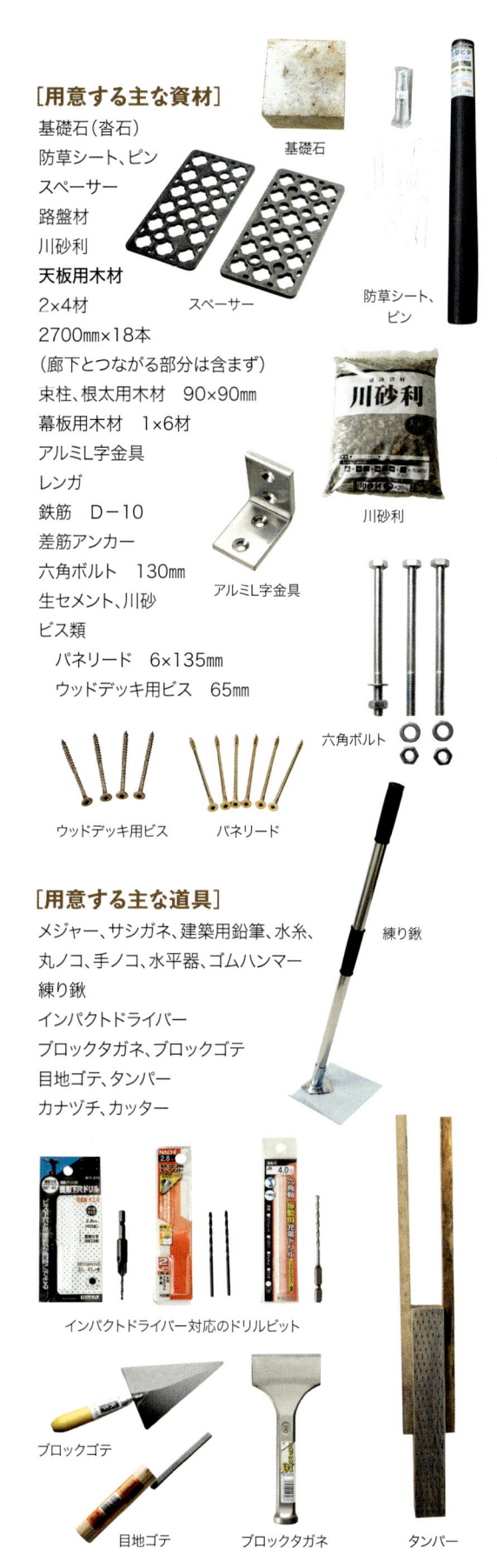

水平を取る

プロはオートレベラーや水盛り缶などの道具を使って本格的なやり方で水平を出しますが、ここでは高価な道具を使わずにできるDIY向けの方法をご紹介します。用意するものは、水平器と水糸、水糸を張る杭、垂木。

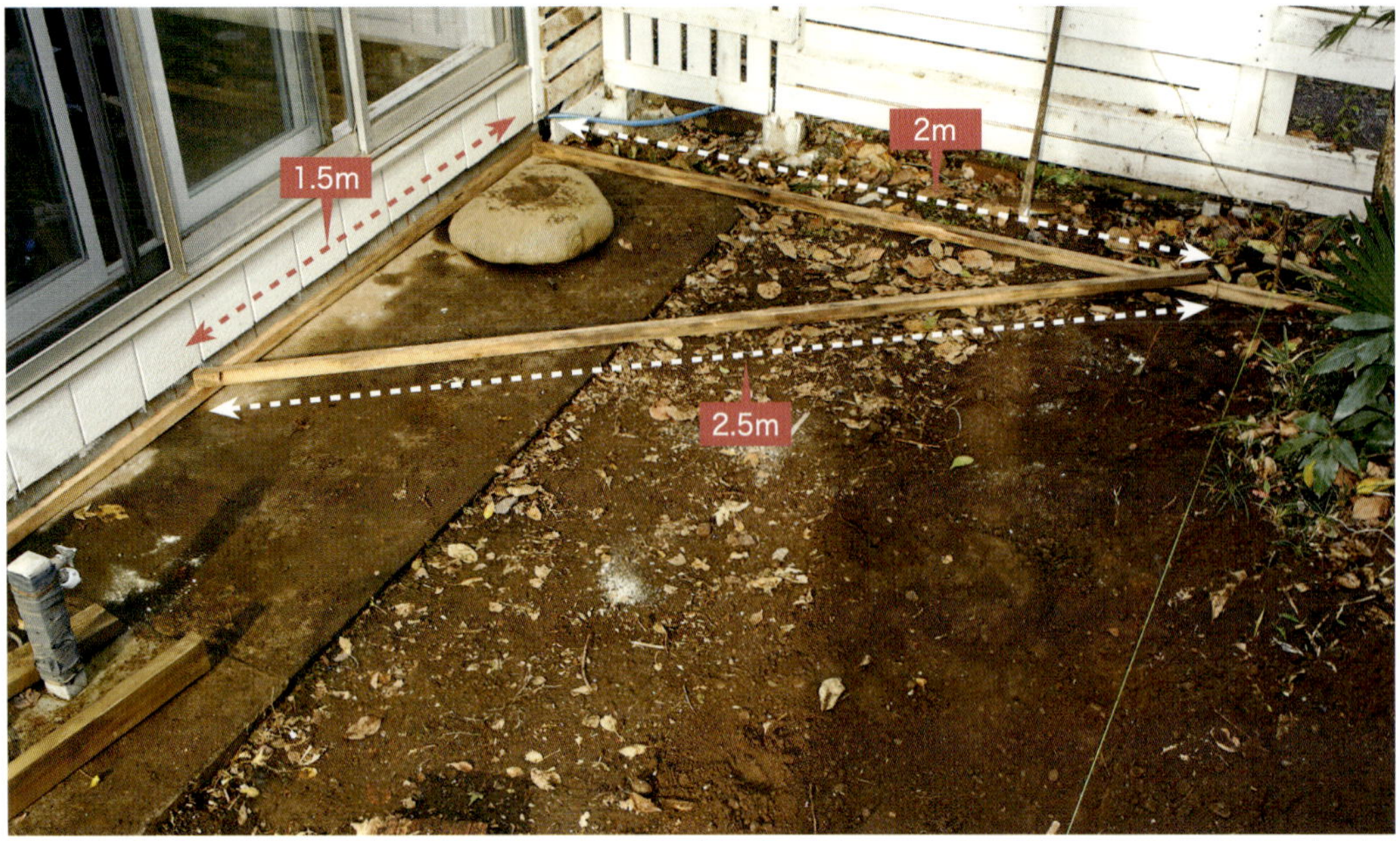

建物に対して直角に水糸を張れるよう、垂木で大きな直角三角形をつくる。写真は1.5m：2m：2.5m（斜辺）。ピタゴラスの定理（3：4：5）を利用した、わかりやすい直角のやり方。

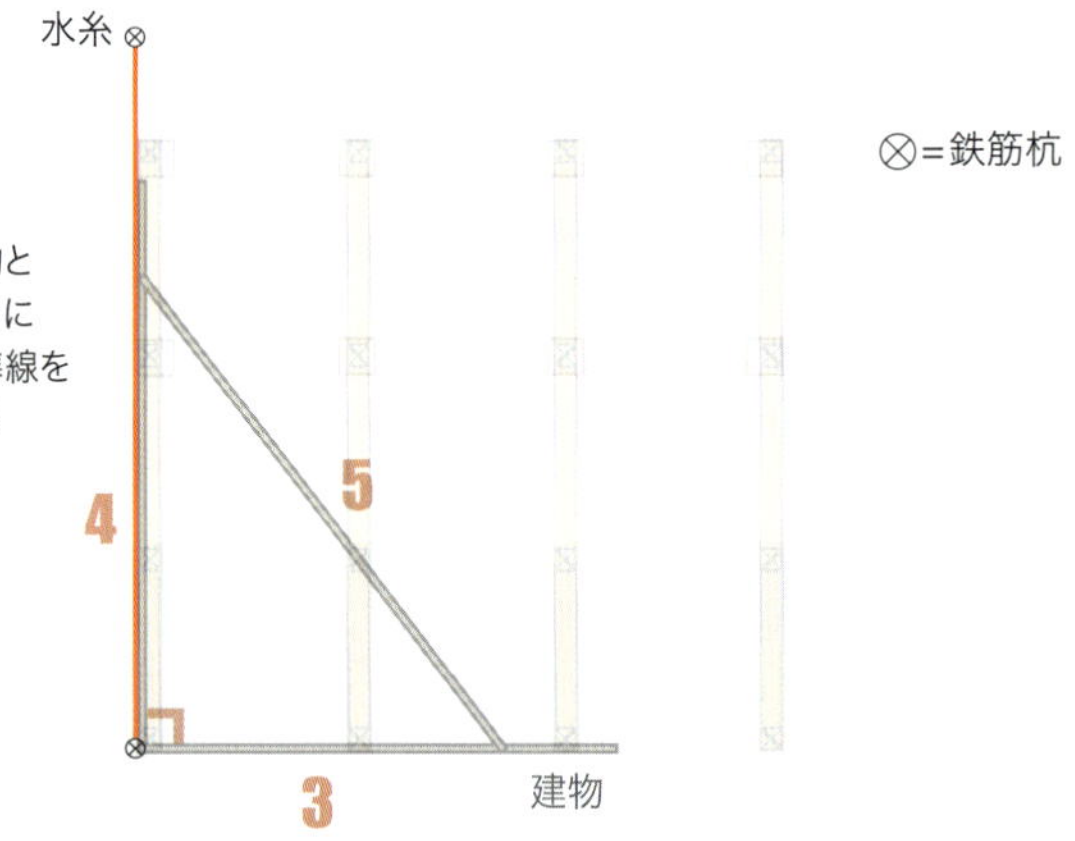

1 デッキの端の線を決める。建物と直角にした垂木に沿わせて鉄筋などを使い水糸を張る。水糸は現時点では基礎となる石の設置予定高さより少し高いぐらいにしておく。

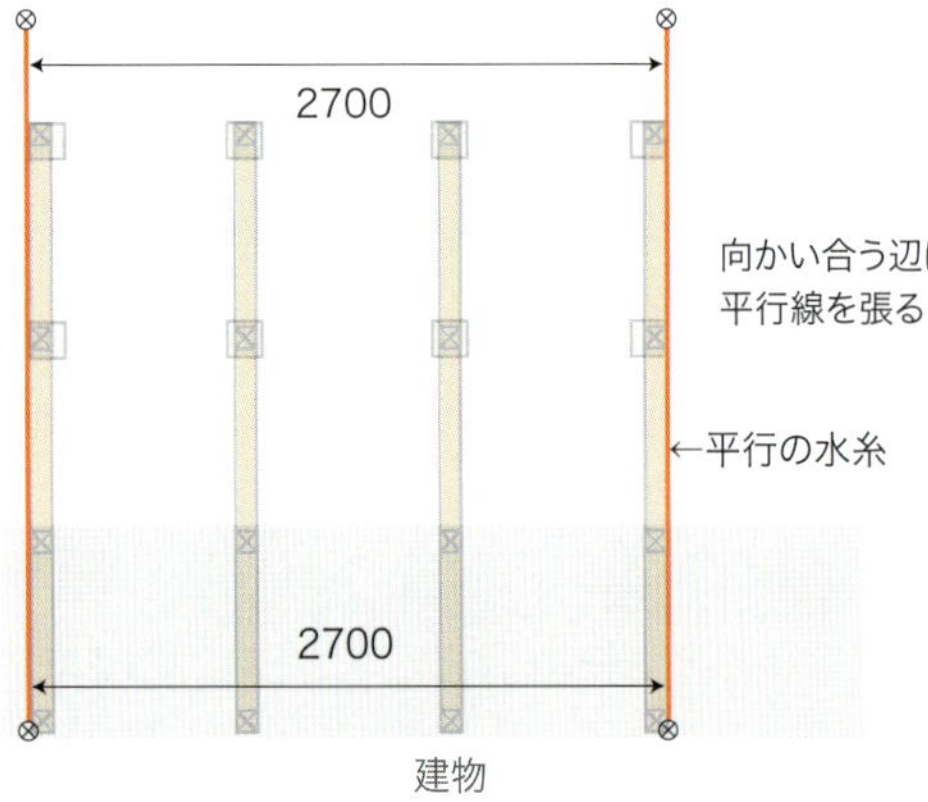

2 張った水糸（建物と直角の垂木）からデッキの逆端まで長さを2点測る。この2点を利用して垂木の逆端に、最初の水糸と並行に水糸を張る。

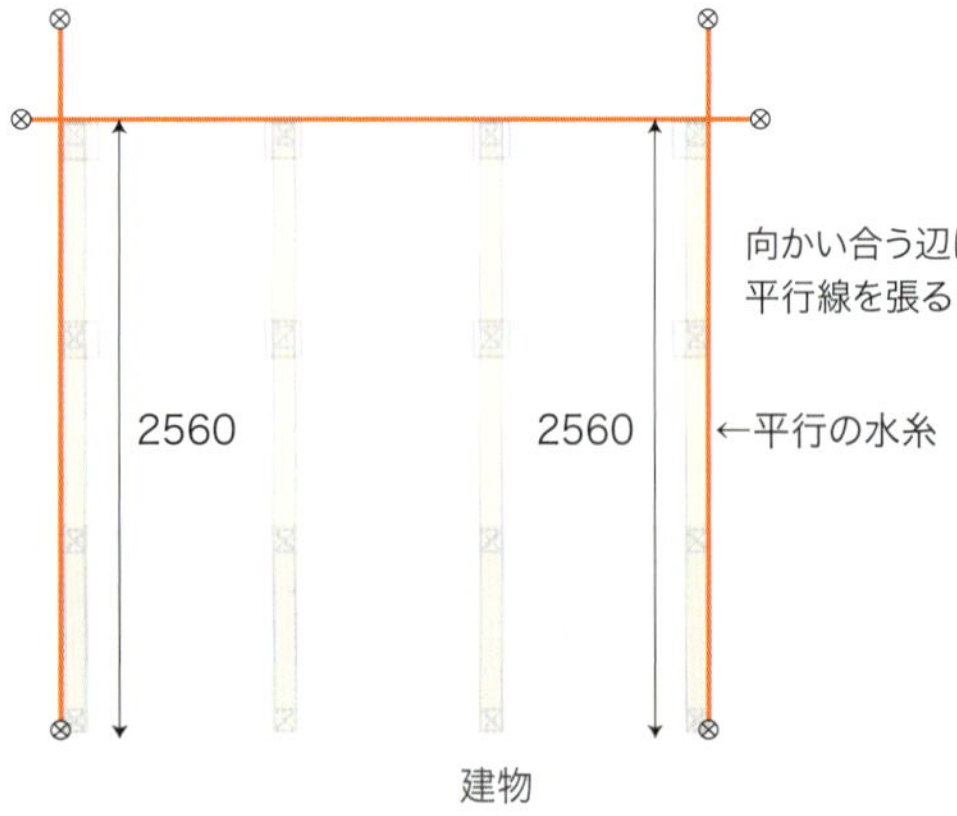

3 デッキの出幅を建物から2点測り、水糸を張る。この時、実際につくるデッキサイズより長く張るように。糸の重なった点が直角になる。

4 石の高さの基準とする鉄筋を決め、鉄筋を叩いて糸の高さを石の予定高さに調整する。糸のつながったもう一方の鉄筋を叩いて水平器を見ながら水平に調整していき、すべての糸を石の予定の高さにする。

5 平行になっているか確認する。

基礎を設置

地面に束柱を立てるための基礎石を設置していきます。3辺の水糸が、基礎石の仕上がりの高さと、デッキの仕上がりサイズになっています。

1 デッキの下は除草できないので、防草シートを張っておく。

2 設計図に合わせて、基礎石を仮置きする。

3 高さを調節するため、基礎石の部分だけ防草シートを切り取る。

4 基礎石の位置に水糸を張る。この高さに合うように基礎石を設置する。

5 水糸の高さから逆算し、基礎石が埋まる分に路盤材50㎜、モルタル50㎜分をプラスした深さを掘る。

6 底に路盤材を入れ、沈まないようにタンパーでよく突いておく。

7 調整用のモルタルを入れる。緩すぎると調整できないので硬さに注意。

8 基礎石を埋めたら水糸と高さを合わせ、前後左右の水平も確認しておく。

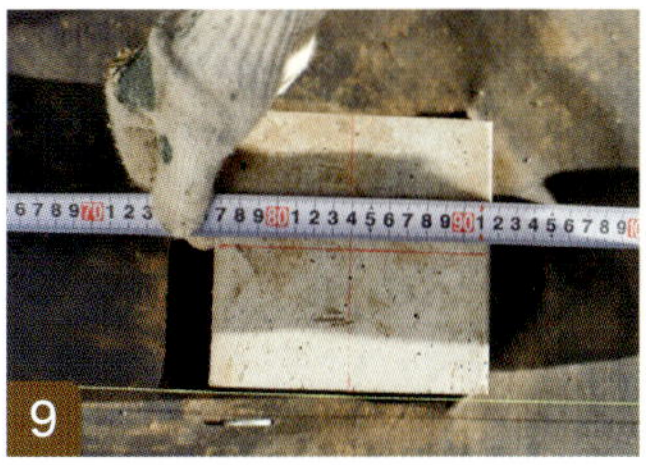

9 石の中心に束柱が来るよう、印をつけておく。

10 設置し終えたら砂利を敷く。モルタルが固まるまで上に乗らない。固まってから次の作業に。

初心者はここまででもOK！

根太、天板の設置

束柱が立つ基礎石の設置ができていれば、基本的には縁側のつくり方と同じ要領になりますので、詳細は縁側を参考にしてください。

根太の下に束柱を入れたものをつくる。デッキの仕上がりの高さから、天板の厚みと根太の厚みを引いたサイズが束柱の高さになる。

板の張り方と直角の向きに根太を設置する。

より腐りにくくしたい場合や、束柱が微妙に浮く場合はスペーサーを利用すると便利。

最初に一番手前と一番奥の天板を張っておくと、ビスを打ちながら根太が開いてしまうことを防げる。

天板のカットで仕上がりの精度が決まるので、寸法通りにカットしてあることが大事。

印に合わせて天板を張っていく。

木材の反りもあるので、小さめのバールなどを使い、目地を調整しながら張り進める。

ここで終了する人は幕板を張って完成

レンガ積みや柱立てをしない場合は、足元を隠すために1×6材の幕板をまわりに張り巡らせましょう。(81ページ参照)

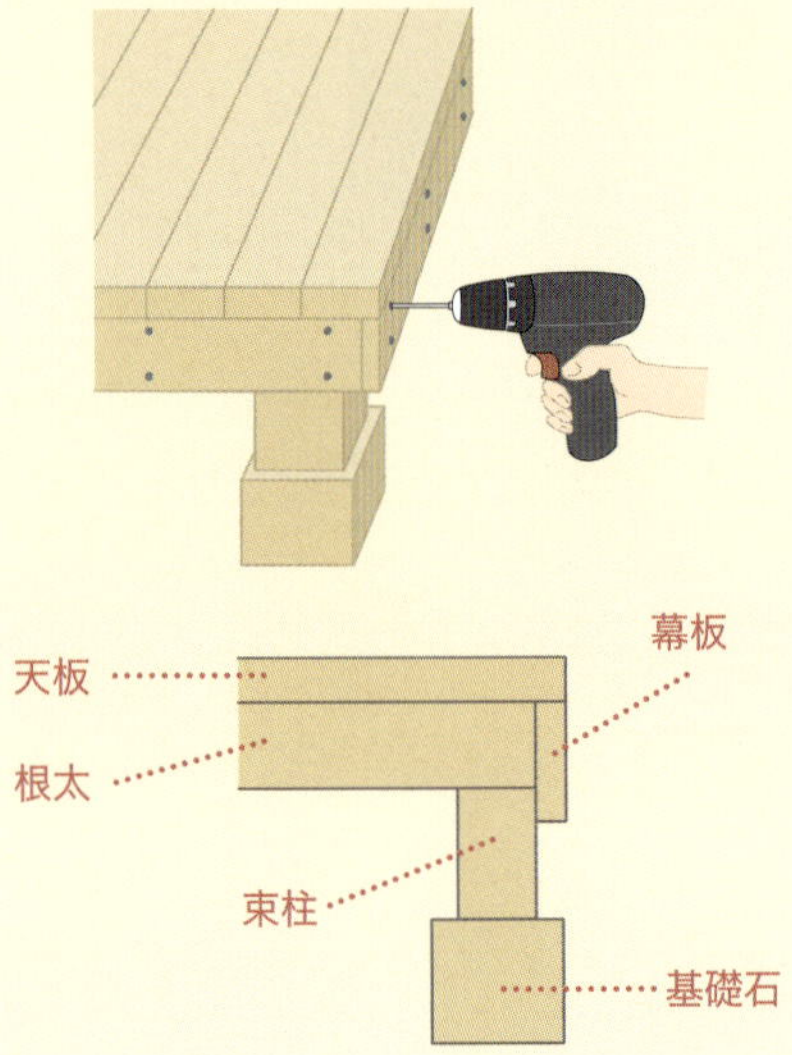

レンガ壁の基礎をつくる

レンガを積む位置に、まずレンガ用の基礎をつくります。縦に鉄骨を入れますが、今回のように低いレンガ積みの場合や既存のコンクリートを利用する場合は、差筋アンカーが使えます。

仕上がり予定の高さよりレンガの段数分の厚み目地分を引き、一番下のレンガが半分埋まるくらいの高さを基礎のトップに設定する。設定に合わせて穴を掘る。

基礎コンクリートを流しこむための枠板を設置。（枠板の内側に立っているのは、水栓につなげる水道管。水道管は水道業者に引いてもらう）

枠板は基礎の仕上がり高さに揃えておくのがポイント。メジャーで測って、高さを確認し調整する。

枠の中に路盤材を敷く。

タンパーでしっかり路盤材を突いておく。

基礎に鉄筋を組む。ここではD-10と呼ばれる10㎜径の鉄筋を使用。

セメントと砂をよく混ぜ合わせ、水を加えてよく練る。

砂利を加えて、さらによく混ぜてコンクリートをつくる。

枠の中にコンクリートを流しこんでいく。

混ぜたり流しこむために使った道具は、すぐ水でよく洗う。

枠の高さピッタリに、コテでならす。

コンクリートが完全に固まってから（2〜3日）枠をはずす。

レンガを積む

固まったコンクリートに差筋アンカーを打ちこみ、レンガを積んでいきます。レンガの積み方は、基本的に79ページのブロック積みと同じ要領です。

1 レンガを仮置きする。

2 差筋アンカーを入れる位置を確認し、印をつける。ここでは600㎜ピッチで入れているが、段数などに応じて強度を考えて設計する。

3 印の場所にハンマードリルで下穴を開け、差筋アンカーを打ちこむ。

4 アンカーをむき出しにしておくと危険なので、キャップをかぶせる。キャップがない場合はテープなどで目立つようにし、先端を保護する。

5 位置どおりに差筋アンカーを打った状態。

6 レンガがくる位置にコテでモルタルを配していく。

7 端のレンガをまず積む。

8 上からゴムハンマーで軽く叩き、高さを調整。

9 レンガの高さと前後左右の水平を確認する。

10 差筋アンカーを立てた穴にコテでモルタルを詰める。

11 角に当たる部分にレンガを積んだ状態。

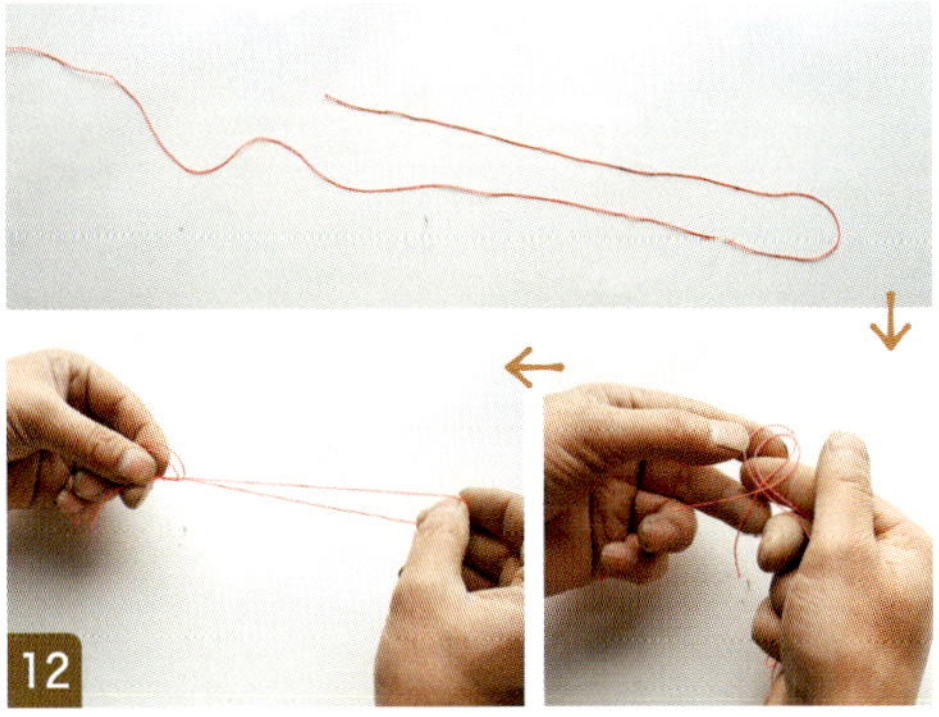
12 水糸を輪にして、レンガに引っかけられる状態にする。

13 水糸を角に引っかけて引っ張ると、レンガ上部に水糸がくる。この水糸は、2段目、3段目でも上にあげて使う。

14 間のレンガを水糸の高さに合わせて積んでいく。目地の間隔は目地ゴテを利用して決めてもいい。

15 レンガは、水平を確認しながら積んでいく。

16 レンガとレンガの間の目地をモルタルで埋める。

17 目地ゴテを利用して、しっかり詰めていく。

18 1段目を積み終わったところ。

19 互い違いになるようにレンガを積んでいく。必ず水糸を引っかけて水平をとるように。

20 一気に高く積むと、下の目地が重さでつぶれて高さが変わってしまうので、状態を見ながら1日にせいぜい3〜4段にする。

水道管はレンガの穴に通し、最後蛇口を取りつける作業は水道業者にやってもらう。

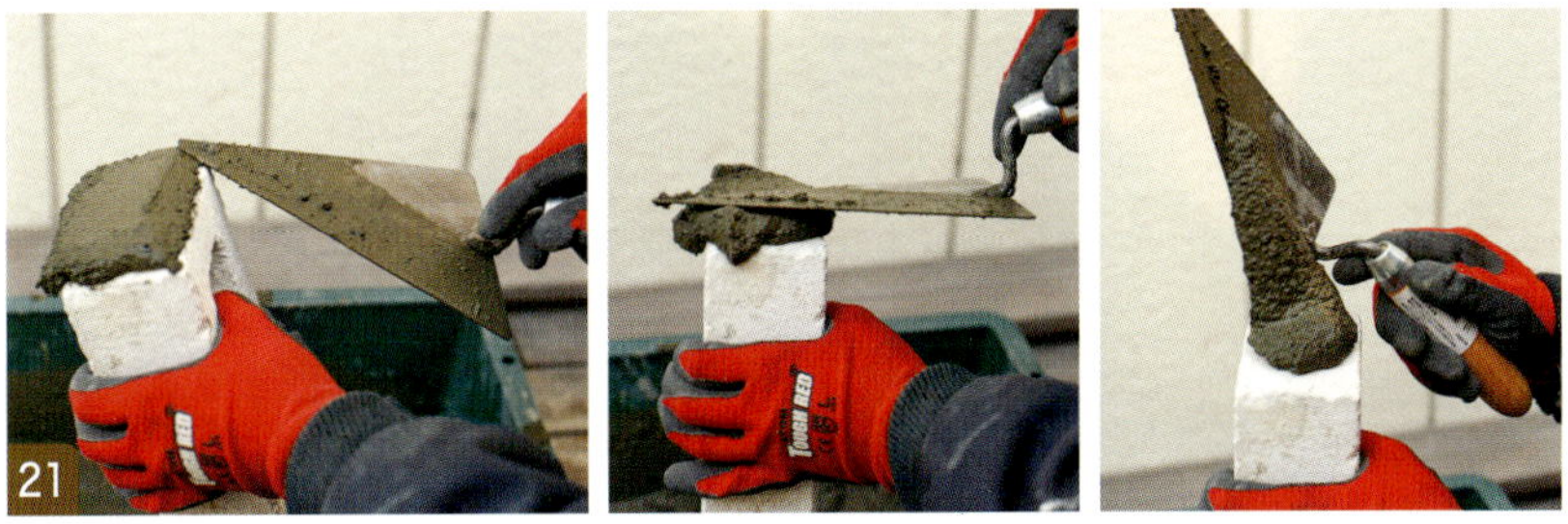
21 慣れてきたら、プロのようにレンガの先に目地分のモルタルを乗せるやり方もある。モルタルをレンガに目地の面にストンと落とし、真ん中がやや小高くなるようにコテでならして並べていく方法。
※最後にコテの柄で、レンガをトンっと叩くとモルタルが落ちつく。

枠と柱を設置

レンガの壁部分に柱を立て、パーゴラの枠をつくります。家屋壁面の梁なども利用して上部の枠を固定すると、構造がしっかりします。

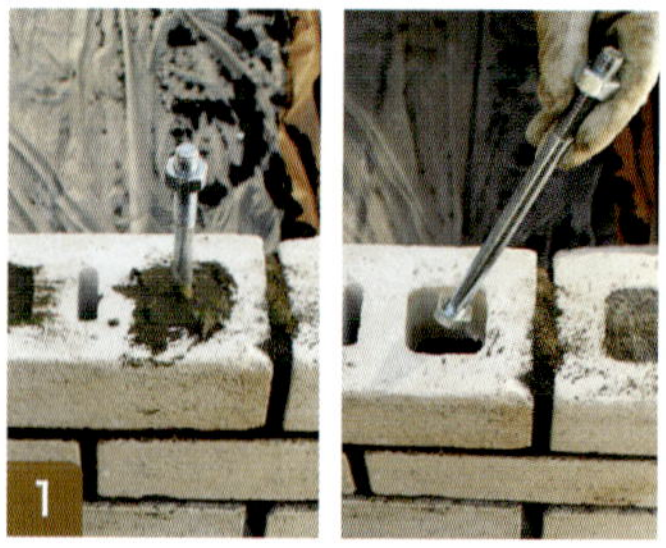

約90㎜間隔でレンガに六角ボルトを差しこみ、モルタルを詰める。

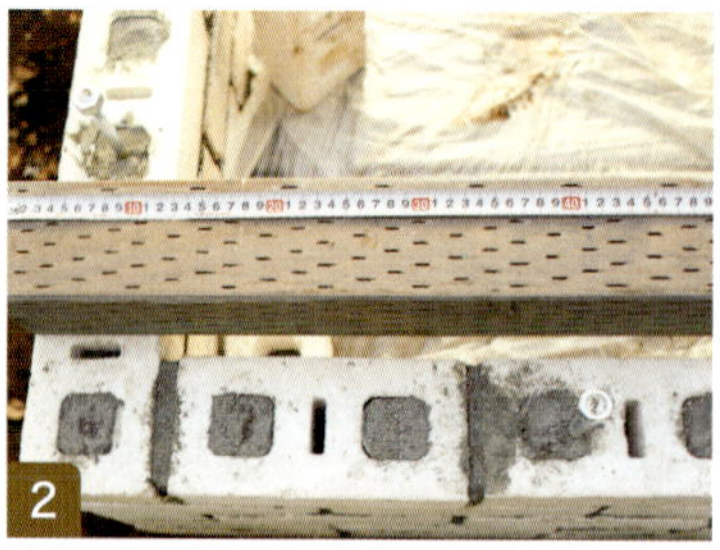

レンガの上に横に渡す木材は、ボルトを取りつける位置に印をつけておく。

ボルトの位置を正確に測り、木がピタッと乗るように印をつけるのがポイント。

ボルトを埋めこんだ場所に貫通できるよう、まずはナットを締めるソケットビットが入る穴を開ける。

次にボルトのネジ部分が入る径の穴を開ける。

2段階の穴が開いたようす。

ボルトを穴に入れながら角材をレンガに乗せ、ワッシャー(座金)を入れてソケットビットでナットを締める。

屋外用パテで水が溜まらないように処理する。

柱はL字金具でしっかりと固定する。

枠を順次組み立てていく。

ソケットビット
ナットを締めるのに使う

木工用ボアビット
大きめの径の穴を開けられるドリル

パーゴラ部分の枠もステンレスL字金具で固定。両サイドは内側に1本、桟を取りつけている。

格子を設置。下の部分は、表と裏から木材で挟むようにしてある。

柱にレールバーを設置。この後、桟の下に小さな棚も設置。

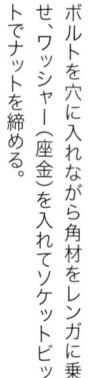

水受けをつくる

今回、ウッドデッキのレンガ部分に水栓をつけたので、水が落ちる場所に水受けを設置。場所をとらないよう、ブリキのバケツを利用しています。

［用意するもの］
ブリキのバケツ、目皿、排水用パイプ

バケツの底穴開けにはこれがあると便利

右はステップドリル、左は軸つき砥石。インパクトドライバーに取りつけて使います。

バケツの底に目皿用の穴を開ける。

目皿をはめこみ、裏から排水用パイプのジョイントを留める。

排水用パイプをつなげたところ。（パイプに逃げ水用の穴を開けておく）。

パイプを通す縦穴を掘る。複式ショベルで掘ると便利。

排水用パイプを穴に入れて、まわりに水はけのいい砂利を入れる。

バケツと排水パイプをつなげる。

バケツの底に川砂利や色のきれいな石を敷く。

6 ステップをつくる

市販のアイアンのマットを利用して、ステップを製作。ちょっとしたアクセントになります。

コンクリートを流すための枠板を設置し、底の部分に路盤材を入れ、タンパーなどでよく突いておく。

コンクリートを流しこみ、固まったら枠板をはずす。

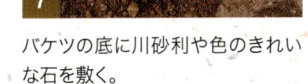

無理しすぎない植栽

植栽協力　若松則子

目立つ場所だけ華やかに

なかなか庭のメンテナンスに時間をかけられないT家。縁側やウッドデッキから目に入りやすい場所は華やかにし、残りのエリアは極力ローメンテナンスですむようにしました。

花が多いと花がら摘みに手間がかかるので、目立つところだけ花を植えています。カラーリーフを上手に取り入れると、花が多くなくても充分華やかさが出ます。

アプローチの内側を野芝で埋めたのも、ローメンテナンスにするため。多少伸びてもナチュラルな雰囲気が楽しめるので、頻繁に芝刈りをする必要がありません。

半日陰は低木やカラーリーフ

T家の庭にはもともと大きな木があるため、日照が不足する場所もあります。そういう場所は、半日陰向きの低木やカラーリーフを植えています。

環境に合わず、枯れてしまう植物もあるかもしれませんが、ある程度の淘汰は仕方ありません。環境に合う植物を残して、あまりがんばりすぎないように。それがガーデニングを長続きさせるコツです。

日当たりがいい場所

植栽を考える際は、日当たりのよしあし、目立つ場所かどうかの2ポイントを意識。
シーティングパーゴラの近くは、午前中の陽射しが当たる場所。
日照が必要なつるバラやシュラブローズも元気に育ちます。

株立ちのアオダモの根元に植えられているのはイングリッシュローズのボスコベル。左下の穂状の花はジギタリス。

右奥はヤグルマソウ、手前にギボウシ（ホスタ）とニシキシダ。午前中に陽の当たる場所には、左奥からヤマアジサイ、ブルーサルビア、クリーム色の花はサルビア・スプレンデンス。

半日陰の場所

木の根元やフェンス際など
日照が不足しがちな場所は、
リーフ類やシダなど、
半日陰でも育つ植物を。
明るく見せるために白い花や
斑入り葉を取り入れるのもコツ。

バラ'ボスコベル'を中心に、ジギタリスやサルビア、マーガレット'チェルシーガール'など。カラーリーフはヒューケラ、ギボウシ（ホスタ）'寒河江'、ラミウム'ビーコンシルバー'など。

"見せる"を意識したエリア

縁側からウッドデッキ側を見た時に一番目に入るのが、水栓のあたり。
日照も確保できるので、花も適度に取り入れカラーリーフ類と組み合わせています。

ローメンテナンスのエリア

庭の隅などの死角や、あまり目に入らない場所は
管理に手間のかからない植物を。
低木を取り入れると空間にメリハリが生まれ
なおかつ手間もあまりかかりません。

フェンス沿いの狭い場所は、アメリカテマリシモツケ'リトルデビル'を中心に、アジサイやヒューケラ、ラムズイヤーなど。

大きな木の根元は、カシワバアジサイを中心に、ヤマアジサイやホスタ、アスチルベなど。

“見せる”エリアづくりのポイント

「ここぞ」という場所を魅力的なシーンにするためには、
構造物と植物が引きたて合うような植物の選び方、植え方が大事。
その具体的な方法をいくつかご紹介します。

POINT 1

つるバラと光で 陰影と立体感を

視線を集める場所に向くのが、空間を立体的に彩るつるバラ。枝が多く出る品種を選べば、複数の構造物に誘引できます。今回は‘アルベルティーヌ’をシーティングパーゴラとフェンスに誘引。フェンスには小輪の‘ローブリッター’も誘引しています。フェンスが白いので、ガーデンライトの反射も効果的です。

リシマキア
‘ボジョレー’

ジギタリス(手前)と
デルフィニュウム

ジギタリス
‘ベリーカナリー’

穂状の花を咲かせる植物

穂状の花は縦の線が強調され、バラの足元を華やかに見せます。寒色を取り入れるとバラと引きたて合います。

‘アルベルティーヌ’

‘ローブリッター’

育てやすいつるバラ

誘引した2種のバラは、どちらも病気に強い丈夫なバラ。花径が違う同系色のバラを組み合わせて上品に。

12〜2月が適期

つるバラの植えつけと誘引

つるバラの植えつけと誘引は、バラの休眠期の冬が適期。芽が動き始めてから植えつけるより、確実に活着します。トゲが刺さらないよう、皮製の手袋などで手を保護して作業するようにしましょう。

植え穴を掘る。直径50cm×深さ50cmが理想。

たい肥と元肥を投入。たい肥は土の状態にもよるが、2ℓが目安。

たい肥と元肥、土をよく混ぜておく。

苗をポットごと置いて深さを見て、高さを調整する。

株をポットから抜いて穴に据え、まわりを土で埋める。

地面の高さまで埋めたらまわりにドーナツ状の土手をつくり、内側にたっぷりと水を注ぐ。

枝を寝かせることを意識しながら、構造物に誘引して留めていく。

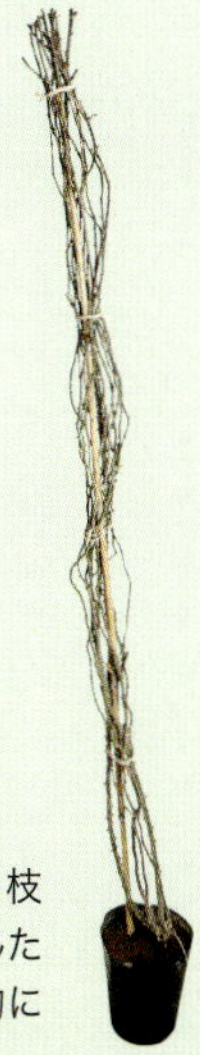

長尺苗

つる性のバラの枝を1m以上伸ばした苗。すぐに構造物に誘引できます。

［植えつけに必要なもの］

たい肥

有機物を微生物によって完全に分解した肥料。栄養たっぷりの、ふかふかの土にする働きがあります。

元肥

植えつけの際に必要な栄養がバランスよく配合されており、効果が持続する肥料。

カレックス
'エバーゴールド'

ヒューケラ
'ベリースムージー'

アガスターシェ
'ゴールデン
ジュビリー'

POINT 2
カラーリーフを効果的に

葉形や葉色の違うリーフ類を組み合わせると
花だけの植栽よりシックで大人っぽくなり、
風景に陰影が生まれます。
なおかつローメンテナンスですむという利点もあります。

イングリッシュローズ'ボスコベル'と銅葉、黄金葉のリーフや細葉のリーフなど数種類のカラーリーフが引きたて合い、印象的なシーンに。

光る花弁のラナンキュラス'ラックス'と存在感のあるエキナセア'パープレア'、銅葉のヒューケラや銀葉のラムズイヤーが引きたて合っている。

ラムズイヤー

ギボウシ'寒河江'

ヒューケラ
'ベリースムージー'

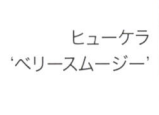

POINT 3
樹木で奥行きと季節感を出す

株立ちの落葉樹は季節感を演出でき
構造物と組み合わせることで
奥行きを感じさせる効果があります。
足元に低木を植えると、幹の下のほうが寂しくならず、
より立体的な風景になります。

株立ちのアオダモの根元には、低木のアナベル。アナベルの花が咲くとアオダモの葉と美しい対照を見せる。

ウッドデッキに桟と奥行きの狭い棚を設置し、‘掛ける’‘置く’飾り方が可能に。

POINT 4
構造物を利用

DIYの構造物は、つる性植物を誘引したり
ハンギングバスケットなどを飾る場としても重宝します。
地面に植えるのとは違い、目の高さで楽しめるので
視線を集め空間のアクセントになります。

クレマチス‘ジョセフィーヌ’

アイビーゼラニウム

ローメンテナンスのエリアや半日陰を魅力的に

ローメンテナンスのエリアや半日陰は、
低木と丈夫で半日陰にも強い宿根草で構成。
低木の種類によっては日照不足だと花つきが悪くなる場合もありますが、
ボリューム感で空間を埋めてくれるので重宝します。

アジサイ・アナベル

POINT 1
丈夫な低木を取り入れる

低木はある程度の高さとボリュームがあり
空間にメリハリをつけてくれるうえに
管理に手間がかかりません。
半日陰でも花を咲かせる低木を取り入れると
寂しくならず、季節感も楽しめます。

ヤマアジサイ

カシワバアジサイ

斑入り葉のヤマアジサイ

ユキヤナギ

ペンタス

ギンバイカ
（マートル）

アスチルベ

アガパンサス

ギボウシ（ホスタ）

ヤグルマソウ

POINT 2
半日陰にも強い宿根草を

もともと林などの下草だった植物や
直射日光が苦手な植物は
半日陰で活躍してくれます。
斑入り品種や白い花も取り入れて
明るさを出しましょう。

POINT 3

カラーリーフのグラウンドカバーを

環境が合えばどんどん広がってくれる植物は
庭の表情を豊かにしてくれ、管理の手間もかかりません。
葉色の違うものを何種類か植えるのが、美しく見せるコツです。

右)ラミウム'スターリングシルバー'
左)ルブス'サンシャイン・スプレンダー'

ニシキシダ
'シルバーフォール'

ユーフォルビア・
シルバースワン

芝生の張り方

芝生は普通、長方形に切り取った状態で束になって売られます。今回選んだのは、葉が太く見た目は粗いけれど、寒さにも強く丈夫な野芝。植えつけた3月末は、まだ茶色い状態です。

張る場所を耕し、できるだけ平らになるよう、へこんでいる場所に土を足す。

芝生をぴったり並べていく。

アプローチにかかるところはハサミで切り取る。

目土
(めつち)
土壌を調整し、新芽を保護しつつ根の乾燥を防ぎます。芝に特化したものを使うと便利。

切り取った残りの芝生は、隙間を埋めていくのに使う。

芝生専用の目土を上から薄くかける。

コテなどで土を均等にいき渡らせる。この後、たっぷり水をまく。

2カ月後

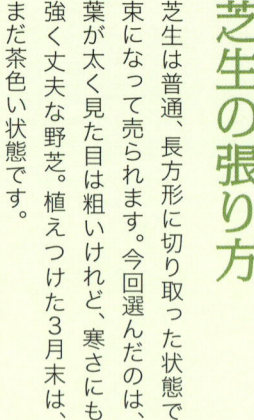

Part 4

［実例編］
お手本にしたい DIYガーデン

DIYを取り入れて、庭づくりを楽しんでいる方をご紹介。
空間のつくり方や、工夫のしどころ、
植物とDIYの組み合わせ方など、ぜひ参考にしてください。

CASE 1 野々山さん

最初から完成形を求めず つくり直しを楽しんで

(右)隣家との境目に設置したバスストップ型の小型パーゴラ。バラは‘ロイヤルサンセット’。奥板に取りつけたフックは、木の部分を青に塗装。

(下右)余った端材でつくったはしご。(下)大きめのフラットアーチに‘ピエール・ドゥ・ロンサール’を誘引。パティオ部分のペイビングにも注目。

Nonoyama

あえて設計図は描かない

現在の家を建てた時から、DIYの庭づくりを始めた野々山さん。すでに25年以上、DIYを楽しんでいます。

最初にチャレンジしたのはウッドデッキ。もともとあったブロック塀を壊して、2×4材でつくりました。しかし、雨に濡れると傷みやすいことに気づき、ウッドデッキに屋根を設置。コンサバトリー、パーゴラをつくり足すなど、その時々でリニューアルし、今の形になりました。

「ラフなできあがり図は描きますが、細かい設計図は描きません。設計図を描くとかえって寸法の間違いが多くなるので、現場合わせでつくっていくようにしています」

構造物につるバラを誘引

隣家との境目は、バスストップ型のパーゴラや小屋、フェンス、モルタル造形の壁などで目隠ししています。構造物にはつるバラを誘引しているので、バラの季節は見事な風景に。庭づくりを始めた時に買った‘ピエール・ドゥ・ロンサール’をはじめ、淡いピンクのバラやクリームイエローのバラが、構造物を引きたてています。

モルタルでフェンスを新設中の野々山さん。

お向かいの家屋と給湯器などを隠すために、モルタル造形で壁を設置。フェイクドアや窓をつけてアクセントに。

Point 1

構造物で目隠しをし植物や雑貨で美しさを

DIYを始めた目的のひとつが、「お向かいや隣の家の建物がなるべく目に入らないように」。フェンスだけだと単調になるので、小屋やフェイクの壁など構造物のバリエーションをふやし、風景に変化をつけています。構造物はつるバラが映える色を意識。

庭のコーナーに設置した小屋。廃棄されていた古い井戸をそばに置いて、風景の一部に。

板を縦に使い、隠したいものに合わせてフェンスの高さを調節。高さをランダムにすると、ナチュラルな雰囲気になる。

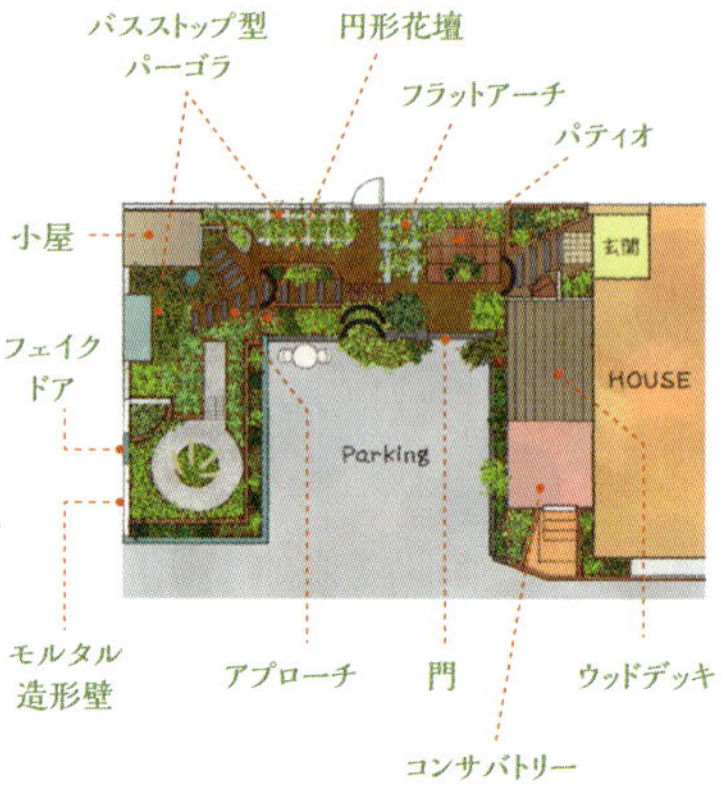

Point 2

世界観をつくりやすいコンパクトなパーゴラ

背面に壁を設けた小型のパーゴラは、内部をディスプレイの場所としても使えます。雑貨や季節の寄せ植えを飾れば、一枚の絵のような風景に。隣家の建物を隠しつつ〝飾る楽しみ〟を味わえます。シンプルな構造なので、初心者でもチャレンジしやすいアイテムです。

（右上）側面はワイヤーワークを組みこんでいる。（右中）鏡をはめこんだフェイクの窓。庭のバラが映っている。（右下）アンティークのアイアンを使った棚。（上）パーゴラ部分にバラを誘引。（左）鉢を飾れるよう、内部に棚を設置。

After

門柱はそのまま残し、内側に木を打ちつけサビをきかせた朱色に塗装。アイアンの扉を取りつけてリニューアル。

Point 3

雰囲気を変えたければ思いきってリニューアルを

フェンス風の木の扉が経年で古びてきたので、リニューアル。セキュリティにも配慮した扉につけかえ、大人っぽい雰囲気になりました。DIYガーデンは、つくり直しも楽しみのうち。少しずつ変化させていけば、楽しみが永遠に続きます。

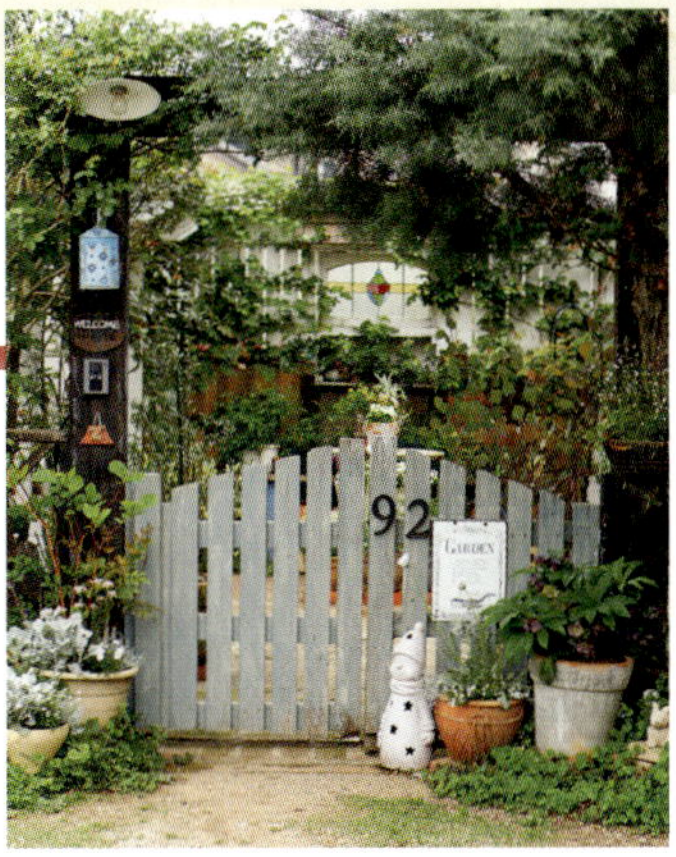

Before

門柱は枕木を利用。カントリー調の扉の向こうはパティオになっている。

(下)小型パーゴラに続くアプローチは、敷き方をところどころ変えてある。(中)アプローチの一部を花壇に。(左)コッツウォルズストーンをいくつか置いただけの花壇スペース。

Point 4

ナチュラル感を出すには アプローチや花壇はざっくりと

「あえてざっくり」は、DIYならではの味わいを出すテクニック。アプローチや花壇は「きっちりつくりすぎない」のが野々山さんのスタイルです。たとえばレンガを積んだ花壇なども、目地のモルタルをわざとざっくり詰めることで、ナチュラルなテイストになります。

レンガをモルタルでざっくりと積んだ花壇。真ん中部分はコッツウォルズストーンをサークル状に置き、一段高くしている。つくり方は下の囲みを参考に。

ナチュラルな花壇のつくり方

ナチュラルな風合いに仕上げるには、色味の違うレンガを使い、目地を幅広く取り、モルタルで粗く留めるのがコツ。キチキチにモルタルを詰めていないので、つくり直したいときの解体も容易です。

1 土を平らにし、レンガを積む場所に砕石をまく。

2 サークル状にレンガを並べる。

3 目地にざっくりとモルタルを入れ、軽く留める。

4 レンガタガネを上からハンマーで叩き、レンガを半分に割る。

5 割ったレンガをやや間をあけて積み、モルタルで粗く留める。

6 3段積んだら土を入れ、中央にコッツウォルズストーンを置く。

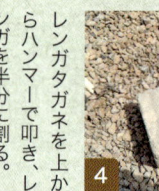

(右)ウッドデッキに柱と屋根をつけ足した。(上右)雨戸の戸袋部分に棚を設置。(上左)手すりにアイアンの装飾をはめこんでいる。(下)手すりは棚の役目も。

Point 5

ウッドデッキを進化させテラスとコンサバトリーに

屋根がないウッドデッキからスタートし、後に屋根を設置。一部に透明な屋根とガラス窓を入れて、コンサバトリー(温室)もつくりました。基礎のレンガはブロック塀を壊した際に2段残し、まわりにレンガを張っています。ステップも後からつくり、今の形に。

外観

(上)コンサバトリー側を外から見たところ。(左)バラの誘引がしやすいよう、天井はパーゴラ状で「透明ポリカーボネート波板」を利用し、ずらせるようになっていて明るさもとれる。

内観

(右)上の写真の入り口から、中を見たところ。(下)奥がコンサバトリーになっている。

モルタルデコを駆使して和洋折衷の空間を

CASE 2
横道さん

道路に面したレイズドベッド。多肉植物と小さな針葉樹に、モルタルデコの小物をしのばせて。

場所ごとにテーマを決めて

夫婦で力を合わせて、DIYアイテムを年に1つずつくらいふやしているという横道さん。場所ごとにテーマを考え、庭づくりを楽しんでいるそうです。

奥様はモルタルに色を塗って仕上げるクラフト「モルタルデコ」が趣味。玄関まわりの塀やレイズドベッドも、ブロックの上にモルタルを塗って、漆喰のような風合いに仕上げました。

「和の植物が好きで、10年前から盆栽を習っています。ただ、盆栽は和風になりすぎない飾り方にしたかったので、テラスと一体となった飾り棚を設置しました」

木工部分は主に夫が、モルタルの仕上げは奥様が担当。アプローチは場所によって色や材質を変え、テーマに合った雰囲気にしています。

モダンな〝和〟の世界とヨーロッパ風の風景が無理なく調和している横道邸。「好み通りの空間がつくれるのは、DIYの醍醐味だと思います」

(右)庭側から塀の内側を見たところ。(上)紙を張った上にニスを塗るデコパージュの技法で仕上げた郵便受け。(左)植木鉢や空き缶にもデコパージュを。

Point 1

小物や花が映える モルタルデコで仕上げた塀

道路から敷地に入ってすぐの、パッと目に入る場所は、“明るさ”を意識。モルタルデコで仕上げた塀が南仏風の背景となり、オレンジ色のチューリップがよく似合っています。かわいい紙や切手をデコパージュの技法で仕上げた郵便受けが印象的。

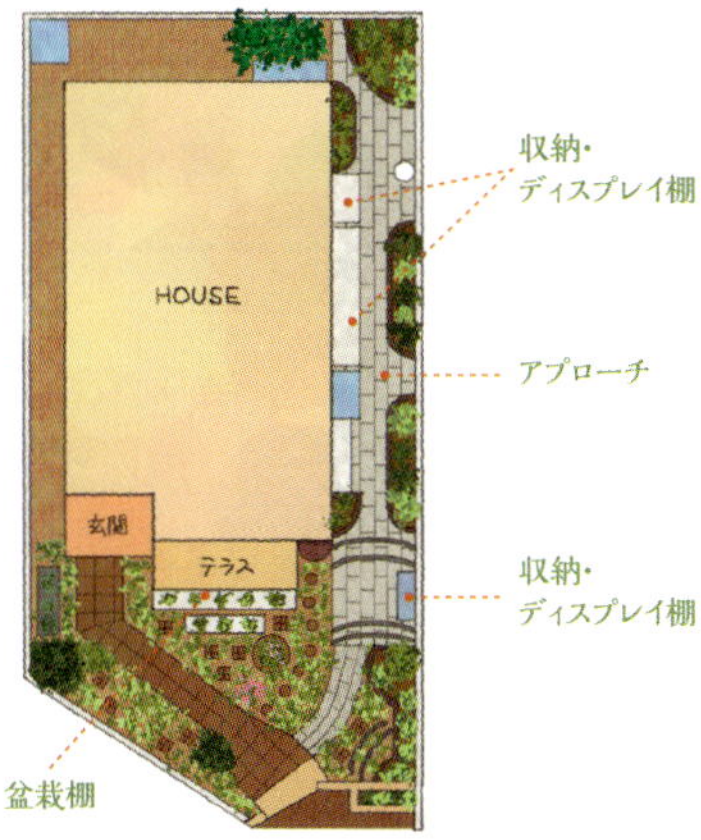

(上)棚の上部は風が通るようなつくりに。(下右、下中、下左)。木や缶、ブリキの小物に絵を描いたりデコパージュを施してオリジナリティを出している。

Point 2

隣家との境目を 棚や布で飾る場所に

隣家との境目にはフェンスを設置。目地の幅が比較的広いので、窓に接する部分は棚と麻布で目隠しをし、小物などのディスプレイの場にしています。アーチにはスイカズラ(ハニーサックル)を誘引。棚の白と麻布、葉の緑の対照が、すがすがしい印象を生み出しています。

(右)三段構えになっている盆栽棚。テラスの部分は高い位置にも飾ることができる。(上)雑木林を思わせる富士ブナの盆栽。

Point 3

モルタルと木工で和風ではない盆栽棚を

ブロックを積み、表面はモルタルデコで仕上げ、棚部分は木工で。棚の内側の家屋寄りの部分は、床面にテラコッタタイルを張り、テラスになっています。棚は盆栽を立体的に飾ることができ、風通しも確保できるように考えられています。

盆栽棚の裏側

テラコッタタイルを敷いたテラス。雨戸の戸袋を隠しつつ、道具類をかけて収納できるパネルを設置。

テラス部分の脇

立水栓は初期のDIY作品。割れた食器や鉢のかけらを埋めこんでいる。

Point 4

ペイビングでアクセントを

場所によってペイビング材を変え、敷き方も工夫しています。小型の正方形の石材は幾何学的に並べて、グラウンドカバーとの対比を楽しんで。家の玄関に続くメインのアプローチはコンクリート石材を。割れた鉢なども無駄にせず、ペイビング材として使っています。

(下)玄関へと続くメインのアプローチ。植栽の中はお手製のステップタイル。(左上)小型の方形石材と、葉色の違うグラウンドカバーの組み合わせ。(左下)割れたウィッチフォード製の鉢は、ペイビング材として利用。

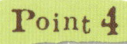

風通しを確保するため、フェンスの目地は広めに。和の落葉樹、宿根草、つる性植物などを組み合わせている。

突き当たりは里山をイメージしたエリア。紅白2本のヤブツバキと、コゴミ、ギョウジャニンニク、ミツバ、サンシュユ、キエビネ、ユキノシタなどを組み合わせている。

アケビ

キバナホウチャクソウ

ユキモチソウ

キエビネ

Point 5

狭い半日陰は白を基調にしたフェンスとアプローチで明るく

家屋とフェンスの間の細いエリアは、白のフェンスとアプローチで明るさを出しています。フェンス沿いの奥行きの狭い植栽や、突き当たりのエリアは、山野草など和の植物が中心。棚には多肉植物とクラフトを組み合わせた作品を飾っています。

（右）建物沿いの日当たりに棚を設置。（中）多肉植物の小さな鉢などを飾っている。（左）フェンスにもクラフトと組み合わせた植物をかけている。

CASE 3 福間さん

DIYだからこそ実現した“もったいない”を美しく

大人っぽいジャンク空間

上の写真は、元ガレージだった空間。福間さんご夫妻は、ここを「ガレージガーデン」と呼んでいます。右奥の小屋は、廃材を利用して製作。古くなった木工ＤＩＹアイテムは解体し、使える部分を継いで再利用しているそうです。床面はコンクリートですが、たっぷりの緑が空間をイキイキと見せています。

ＤＩＹを始めたのは25年ほど前。奥様の要望に応えてご主人が日曜大工をしていましたが、定年退職してからは、ＤＩＹへの情熱がどんどん高まっているとか。「家内が『今度はこんなのをつくって』と、難しいデザインを要求するので大変です」と、笑っています。

（右）アンティークのホーローのボウルを組みこんだ水受け。（下）小屋の中に使っていない小物などを収納。（右下）道路から見たところ。ドアはアンティークの窓を組み込んでいる。

Point 1

ガレージをDIYで収納とディスプレイの場に

透明な屋根がついている7×2.5mのガレージをガーデン化。DIYを存分に生かした空間にしています。適度に風通しもあるので、植物も元気に育ちます。小屋の上にはハーブガーデンが。奥のドアはキッチンの裏口につながっているので、必要な時パッと収穫できます。

ガレージの入り口側から奥を見たところ。

意識しているのは、大人っぽいジャンク。遊び感覚も大事にし、アンティークの窓やステンドグラスなどをうまく組みこみ、魅力的な空間をつくっています。ご夫婦でアンティークのフェスタなどに出かけるのも、楽しい時間だとか。

奥様は自宅でハーブやアロマの教室も開いているので、さまざまなハーブも栽培しています。時には庭でランチのおもてなしをすることも。「せっかくなら庭で過ごしたいというお客様も多いんですよ」とのことです。

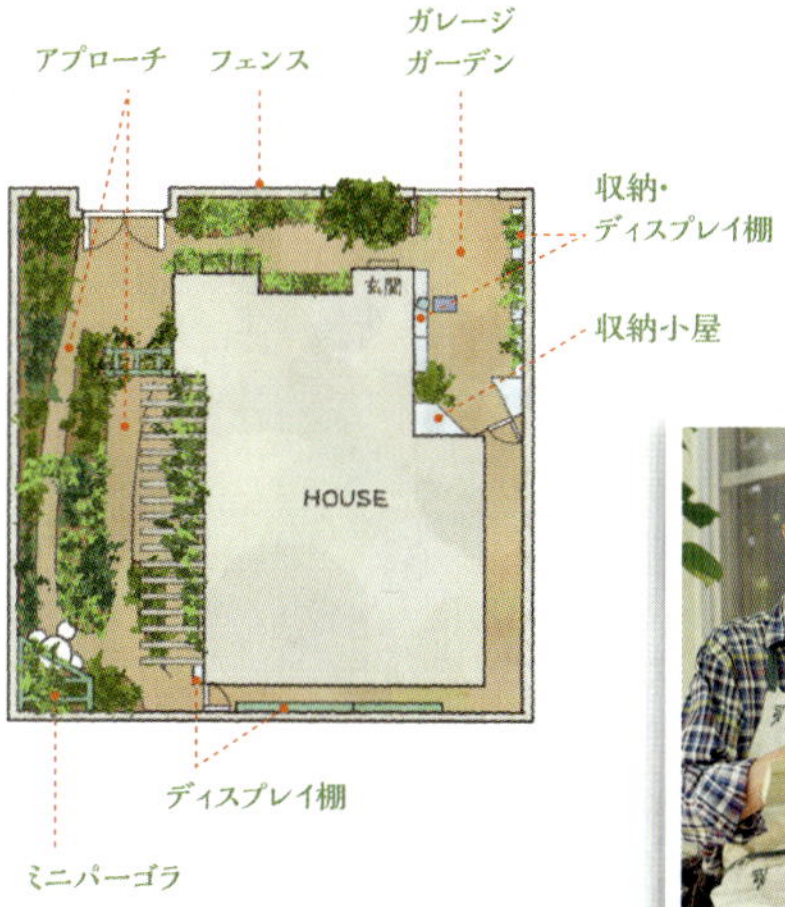

（上）はしごに上ってハーブを収穫する奥様。（左）ご主人は日々、修理や製作にいそしんでいる。

空き缶に色を塗って麻糸を巻くなど、細部にまでこだわってディスプレイ。

Point 2

板壁や棚を利用して見せる収納を

これもガレージガーデンの内部。写真の左側が道路です。壁面を収納棚にして、ディスプレイしながら“見せる”収納を。屋根と壁の間に隙間があるので、モッコウバラを誘引。バラの季節には花が天井を覆います。朽ちかかった廃材も捨てずに、コンクリートの上に敷いて使っています。

(上)鉢植えのモッコウバラを屋根に誘引。(下右)道具類も見せる収納を。(下中)アンティークの窓を組みこんで。(下左)籠も風景の一部。

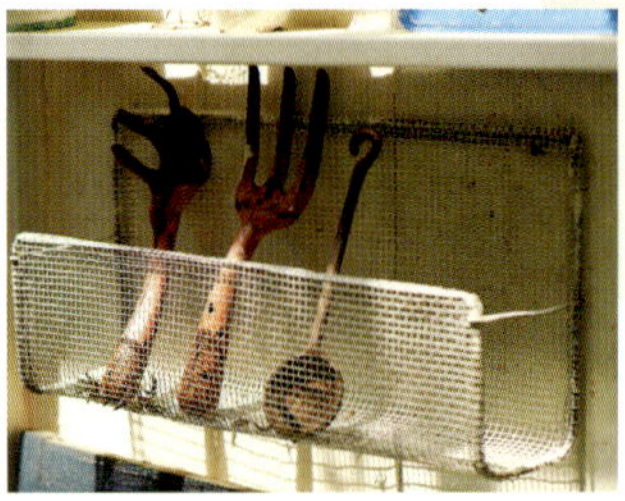

Point 3

古くなったら修理して好みのテイストに

壊れたものは修理して使うのが福間家のポリシー。たとえば鉄を使ったガーデンベンチは、座面の木部が腐ったら張り替えて再生。朽ちた木材は使えるところだけ切って継いで、再利用するという徹底ぶり。DIYだからこそ、“もったいない”を実践できます。

(右)木部を張り替えたガーデンベンチ。鉄部分も白く塗装した。(左)端が欠けた立水栓はレンガで右側を継ぎ足し、鉢などを飾るスペースに。

（右上）桟の部分には小さな鉢を飾って。（右下）下水の穴もうまく組みこんでペイビング。（上）アイアンの小物は枠と同じ色に塗っている。（左）プライベート感のある隠れ家のような空間。

Point 4

庭のデッドコーナーも変形ミニパーゴラで見違える

樹に囲まれた庭のコーナーは、デッドスペースになりがちな場所。コーナーを利用して変則的な形のパーゴラをつくり、ピンコロ石でペイビングをし、ミニパティオのような居心地のいい空間が誕生しました。

Point 5

わずかな隙間もアイデアで「風景」にする

家屋とフェンスの間など、わずかな隙間も、工夫して風景にしています。奥行きの狭い棚には、小物や小さな鉢を。日当たりが悪くなりがちなスペースですが、高い位置なら日照を確保できるので、つる性植物も取り入れています。つる性植物が適度に構造物に絡み、風景に潤いを与えています。

（下）家屋の隅のデッドスペースを小さな棚に。（下左）狭い棚も素敵な空間になる。

部屋から見た時に風景になるよう、フェンスに棚をつけ、植物や小物を配置。

CASE 4
秋山さん

ペイビングにこだわった バラや植物が映える庭

駐車場のペイビングと壁面の風景が見事に調和。(p117)つるバラ‘ジャクリーヌ・デュ・プレ’の足元にミニ温室。

Point 1

壁が利用できる軒下は立体的な演出に最適

土の部分が少ない駐車場エリア。家屋の壁につるバラを誘引し、室外機カバーや棚などを活用して、立体的な風景をつくっています。アンティークの窓を立てかけただけの“ミニ温室”にも注目。窓の下は基礎のコンクリートを隠すため、フェイクの石を敷いています。

Akiyama

ドライモルタルを活用

ＤＩＹ歴20年の秋山さん。バラと草花が調和する庭を目指し、少しずつ庭づくりを進めてきました。ご主人も協力していますが、ＤＩＹ部分の多くは奥様が製作しているそうです。

こだわっているのが、庭の背骨ともいうべきペイビング。車を乗り入れる駐車場は強度を優先し、幅の狭い場所は遠近感を演出することに重きを置くなど、場所ごとに目的とテーマを明解に決めています。

「はじめてアプローチをつくった時は、モルタルの練り方がうまくいかず、ちょっと失敗してしまいました。それ以来、乾いたモルタルに後から水をかけただけで固まるドライモルタルを使っています」と、奥様。乱形石材のアプローチは、図を描いて大きな石の場所のみをあらかじめ決めておきます。張りながら微調整しやすいドライモルタルだと、初心者でもやりやすいそうです。

庭全体の色づかいにも気をつかっています。バラは白を基調に淡いピンクや淡いイエロー、アプリコットなどやさしい色の品種が中心。宿根草や一年草がバラと引きたて合い、ふんわりとした雰囲気に。テラスや棚、フェンス、アプローチなどＤＩＹの構造物と植物が見事に調和しています。

19 VIRGINIA
12

テラスに'ブラン・ピエール・ドゥ・ロンサール'、つるバラ'サマー・スノー'を誘引。植栽には鋭角的な葉のニューサイラン、アルケミラ・モリス、ふわっとしたオルラヤなど。

Point 2

廃物もリサイクルし テラスに活用

バラを誘引したテラス部分の手すりは、実は2階のベランダで使われていたものです。ベランダが老朽化したため解体した際に出た廃物を、塗り直して再利用。ペイビングと手すり、植栽が一体となり、美しい風景が生まれました。

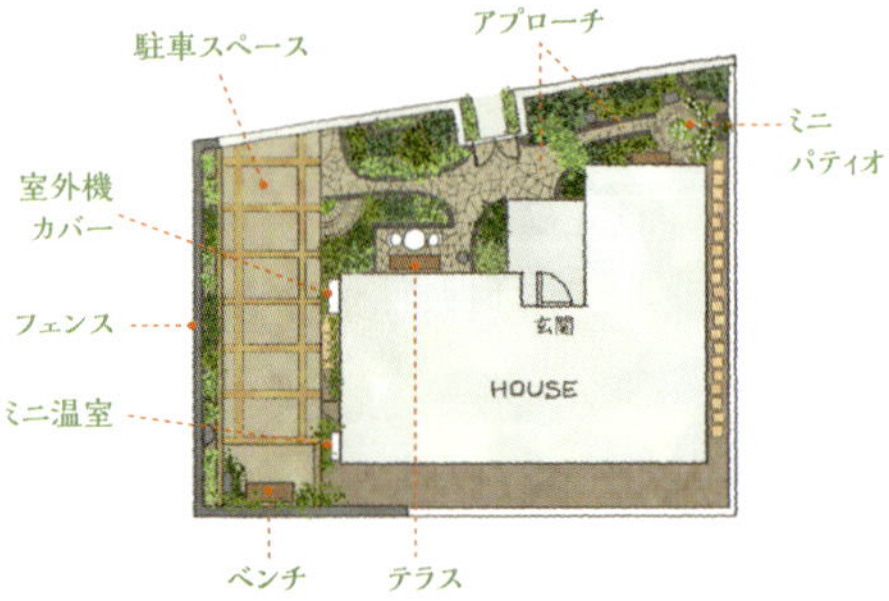

テラスを支える柱を棚状にし、小さな鉢を飾る場所に。手すりに近い部分の支えにアイアングッズを組みこんで。

テラス部分を内側から見たところ。

駐車場側から奥を見たところ。フェンスの上を覆う‘ロサ・バンクシアエ・ノルマリス（モッコウバラの野生種）’の豊かな緑が、黒いフェンスに似合っている。

バラが咲いていない季節

葉がまだ少ない季節はフェンスがはっきりと見えて、モダンな風景に。

バラの開花期

白やピンクのバラの花が黒を背景にはっきりと浮き上がって見える。

Point 3

ブラックのフェンスが風景を引き締める

駐車場の奥と脇のDIYフェンスは黒に塗装。ペイビングのテラコッタカラー、植物の緑、白い花と引きたて合い、引き締まった風景が生まれました。一部、板を縦に張ることで、シャープな印象に。正面に置かれたベンチがフォーカルポイントになっています。

Point 4

ペイビングと植物で風景がドラマチックに

乱形石材や方形石材、レンガなど、多様なペイビング材を活用。ミニパティオやアプローチが、庭の風景をリズミカルにしています。ペイビング材のまわりはグラウンドカバーを植えて、土が隠れるように。アプローチの奥にアーチを設置するなど、遠近感の出し方にも注目。

（右）アプローチはゆるやかにカーブさせ遠近感を強調。（左上）レンガの敷き方を工夫したミニパティオ。（左）駐車場とアプローチのジョイント部分に遊びを。（左下）アプローチのエッジにはグラウンドカバー。

あえて「きっちり」つくらず ナチュラルな 雰囲気に

Tokusyo

2段構造の花壇。上段には背の高い宿根草も植えてあるので、伸びると草花がフェンスがわりになる。

Point 1

柵をつくらず花壇で道路とエリアを区切る

自宅で手づくりのものやアンティークを扱う小さなショップも開いている徳生さん。お客様の中には、玄関前の小さな庭でくつろぐ方もいるそうです。花壇に使っているレンガは、最初から割ってあるものを通販で購入。ざっくりと積んで、道路と敷地の境にしています。

自分らしい味わいを大事に

ワンデーショップで手づくりのプレートを売ったのが、DIYの出発点だったという徳生さん。ものづくりの楽しさに目覚め、庭も自力でつくろうと思い立ったそうです。

はじめて大物に取り組んだのは8年前。玄関脇の小屋を自己流でつくりました。「アンティークの瓦をネットで買ったものの、屋根にどうやってつけるのかがわからなくて、職人さんに教えてもらったり。試行錯誤しながら、2カ月かけてやっと完成させました」

フェンスや花壇、アプローチなどを次々とつくり、目下小さなウッドデッキをリニューアル中。DIYならではの味わいを出すために、あえてあまりきっちりつくらないのがモットー。できたてと思わせない風合いを目指しているそうです。

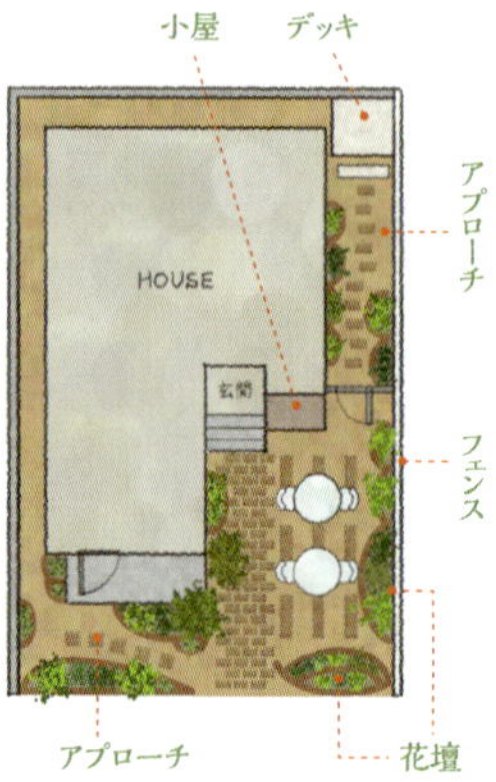

（上左）大物DIY第1号の小屋の脇につるバラ‘シティー・オブ・ヨーク’。（上右）家屋の脇の狭い通路の入り口のアーチには、‘ローゼンドルフ・シュパリースホップ’。（下）フェンスにはノイバラを誘引。

Point 2

バラが映えるよう構造物はナチュラルに

建物やフェンスには、素朴な雰囲気の白や淡いピンクのバラが誘引されています。建物の壁の色やバラと似合うよう、フェンスはわざと粗い塗り方にし、エイジング加工を。イギリスの古い家のような、ほどよい経年感が感じられるテイストを大事にしています。

（上右、中）根元をレンガで囲い、小石を敷いた場所とエリア分け。（上左）道路からのアプローチを上から見たところ。（下）わずかなスペースを斜めに使い、ミニレイズドベッドも設けた。

Point 3

レンガ使いを工夫し狭小スペースにメリハリを

バラや植物を植える場所はレンガで囲い、エリアを区分。風景にメリハリがつきますし、高さを出していい土を入れることで植物が元気に育ちます。また狭い場所は斜めにアプローチを設け、デッドスペースを植栽に。道路沿いに低木を植えて、フェンスがわりにしています。

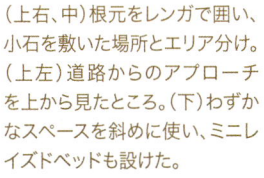

CASE
6
亀甲さん

飾り方の工夫で目隠しと表現を両立

フェンスの途中にポイントカラーでフェイクの窓を。

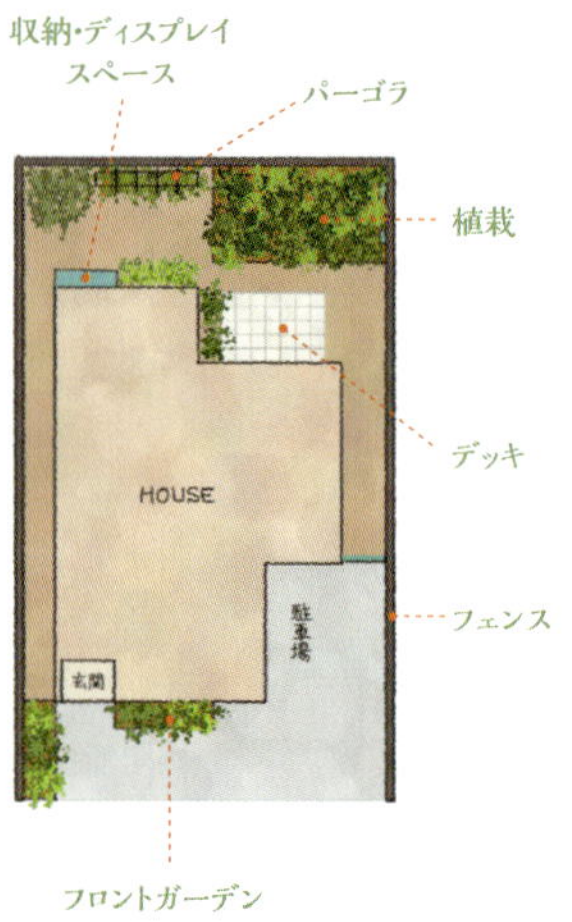

Point 1

視線のポイントをつくると隣家が気にならない

フェンスが高すぎたり目地を狭くすると、圧迫感が生まれがち。棚やフェイクの窓など、視線のポイントをつくると、低いフェンスやネットフェンスでも隣家が気にならなくなります。これは「見たいものを選択的に見る」脳の働きをうまく利用したテクニックです。

(右)奥行きの狭いパーゴラ。背の部分の横板と、下に置いた棚の効果で、隣家が気にならない。(左)余った木材とルーバーで、簡単な目隠しを。

オープンガーデンも励みに

10年前に家を建てたのをきっかけに、夫婦でDIYを楽しんできた亀甲さん。〝子どもが友だちと遊べる庭〟をテーマに、庭づくりをしてきました。隣家との境にフェンスを立て、プライベート感があるので、時には家族でバーベキューを楽しむそうです。

「DIYのいいところは、庭や家のサイズに合わせて自由につくれるところ」と亀甲さん。色の統一感を大事にし、木工部分はベースカラーとアクセントカラーを決めて製作。アンティークの小物は、ネットのオークションを利用しています。

奥様はDIYを始めてから庭づくりをもっと勉強したくなり、通信講座でガーデンコーディネーター資格も取得。地元のオープンガーデンのグループに参加していたのも、励みになっているとか。「次は何をつくろうかと、いつもワクワクしています」

多肉植物の寄せ植え教室も開催。

Point 2

アクセントカラーを生かして小物をディスプレイ

構造物のベースカラーは茶色で、アクセントカラーは渋いブルー。庭の要所要所に置かれたアクセントカラーの小物やドア、はしごなどが、風景をビビッドにしています。使う色を絞っているため統一感があり、しゃれた印象を与えます。

アクセントカラーのDIYアイテムはパッと目に入るので、飾る場所として活用。多肉植物の寄せ植えやアンティーク道具を雰囲気づくりに役立てている。

（左）多肉植物を植えこんだウェルカムボード。（下）板につるバラ‘ピンク・サマースノー’‘ラベンダー・ドリーム’を誘引。足元にはチェリーセージなど。

Point 3

土の少ないフロントガーデンは壁面を立体的に活用

道路に面した玄関まわりには、土のスペースがほとんどありません。そこでつるバラを壁に誘引し、空間を立体的に活用。壁にランダムな高さの木で背景をつくることで、開花期にはバラが引きたちます。郵便受けの柱にはフィカス・プミラ‘ミニマ’を張りつかせ、グリーンの柱に。

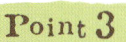

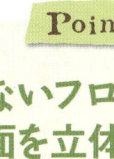

CASE 7
中村さん

日照不足の通路を美しいアプローチに

(上2点)わずかなスペースを利用して棚を設置。多肉植物がなるべく雨に濡れないよう、小さな屋根をつけている。(下2点)小物と多肉植物をディスプレイ。

Point 1

収納、目隠し、ディスプレイ 3つの役目を果たす棚

通行の邪魔にならないよう、棚の奥行きは35cm。隣家を隠しつつ、収納、植物や小物を飾る場所としてアプローチのアクセントになっています。玄関脇の隙間にはDIYで扉を取りつけ、道具類などを収納しています。

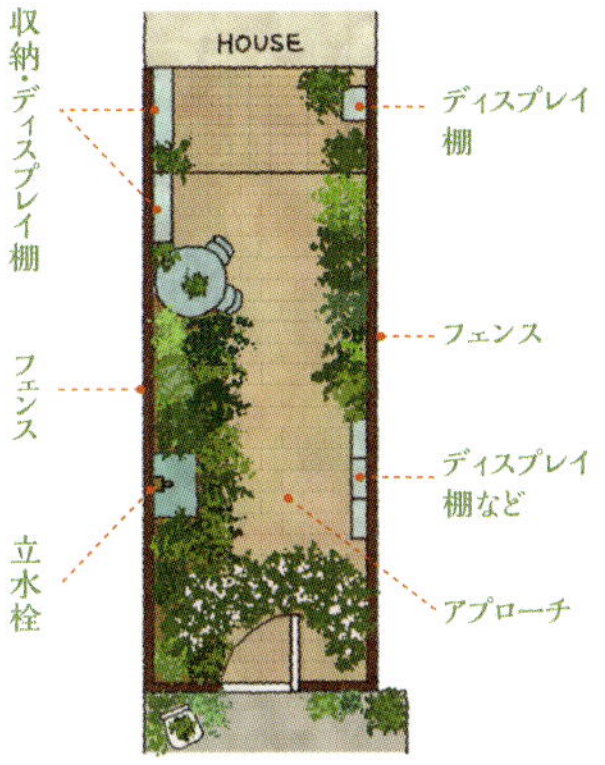

悪条件に負けない庭づくり

中村さんのお宅は、いわゆる旗竿地。玄関までのアプローチは間口約2m、長さ約8.5mの路地で、両側に隣家が迫り、日照も風通しも決して充分ではありません。

少しでも風通しを確保するため、木製フェンスは諦め、ネットフェンスの手前に市販のトレリスを設置。玄関脇など目につく場所には、奥行きの狭いDIYの棚を置きました。棚の上は高さがある分、光を受けられるので、鉢植え植物も元気に育ちます。

ところどころに枕木を立て、鉢置き場にしています。これも日照を確保するためですが、風景を立体的に見せる働きも。アプローチの両側は明るい葉色のグラウンドカバーを植えるなど、工夫を積み重ね、美しいアプローチが誕生しました。

Point 2

植物の選択と高低差で 日照と風通しの問題を解決

地面に植える植物は半日陰に強い宿根草や明るい葉色のグラウンドカバー中心にし、花はなるべく鉢で育てて高い位置に飾るように。バラの季節には、アーチや玄関上部の光が差し込む場所に花がたくさん咲き、華やかな風景になります。

(上)駐車場から続く門。この奥がアプローチに。季節の寄せ植えがお出迎え。(下右)さまざまな葉色のカラーリーフで変化を出している。(下左)枕木を立てて鉢置きに。

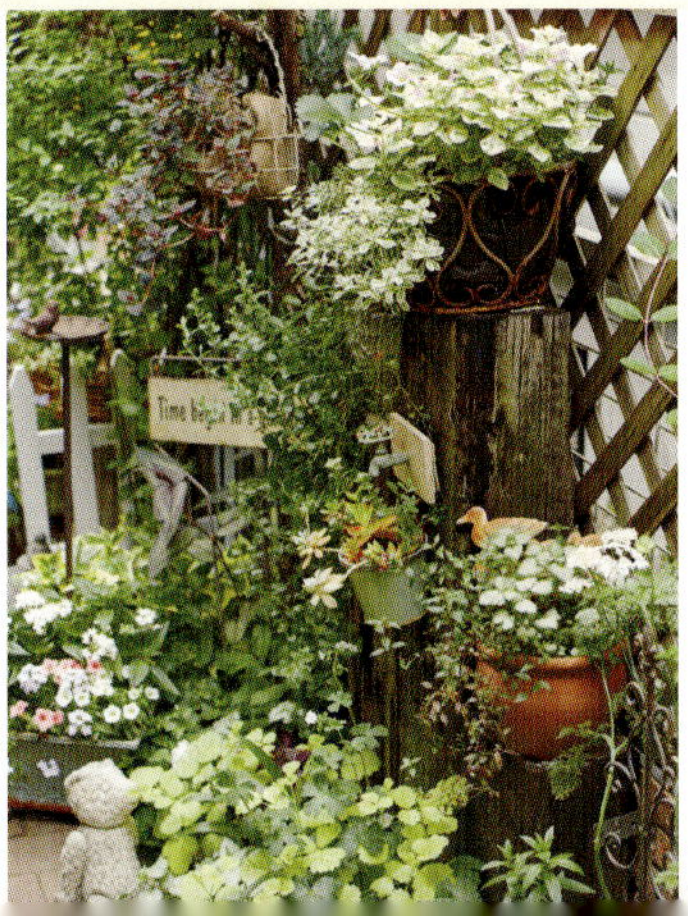

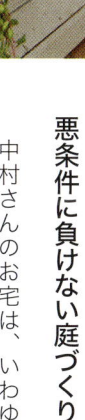

CASE 8
真下さん

週に1日だけパン屋さんを開店。

道具も経費も最低限
節約DIYで古い借家が大変身

廃材も再利用

平屋の古い借家をDIYで改装し、週に1日だけのパン屋さんを開いている真下さん。店内はもちろん、外壁、庭もすべてDIYです。

「内装、庭、冷蔵庫、パンの発酵機など、すべて合わせて50万円でおさめるのが目標。道具も家にあるものだけを使いました」と真下さん。イメージを絵に描き起こして、サイズを書き入れ、板の長さなどを計算。板は車で運びやすいよう、ホームセンターで切ってもらったそうです。フェンスは6f（約1829㎜）の2×4材を、自分で半分に切断。構造物はなるべく無駄が出ない寸法にしています。また、廃材も再利用し、材料費を節約しました。

お年寄りや子ども連れのお客さんが多いので、アプローチ沿いの花は明るい色に。赤く塗った待合用の椅子が、アクセントになっています。

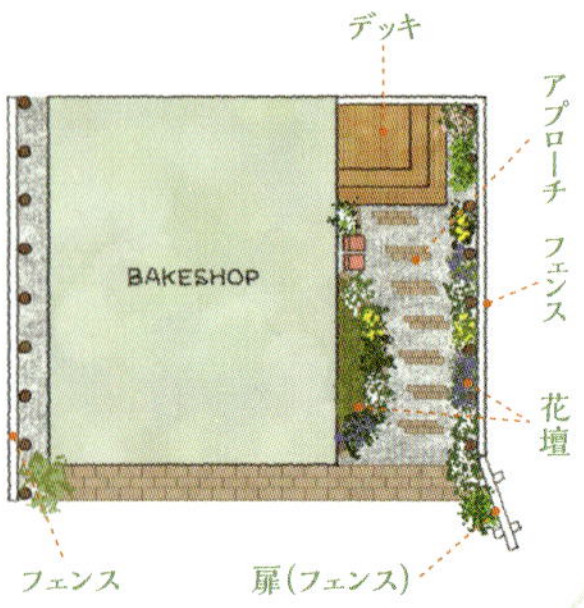

Mashimo

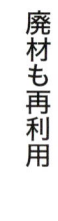

Point 1

絵を描くように レンガを敷き デッキまでの道を リズミカルに

店舗部分の入り口があるウッドデッキは、年配者でも上がりやすいよう、ステップ状にしています。入り口に続くアプローチは、ところどころレンガを埋めこみ、楽しい雰囲気に。鉢を置く場所や植栽のまわりも、レンガを埋めています。

(上)ウッドデッキは板の目を変えて、変化をつけている。(下)レンガを埋めただけで、地面の風景が変わる。

建物の外壁も自分で塗装。壁の色と合うようフェンスは白に。柱を抜けば簡単に取り外せる。

Point 2

原状復帰がしやすいよう 既存の杭を利用

借家なので、お店をやめる際は、原状復帰しなくてはいけません。そこであまりつくりこみすぎず、できるだけ原状復帰しやすいようにしました。フェンスもモルタルを使わず柱を立てて、既存の杭に縛りつけて支えています。

Point 3

廃物リサイクルで 経費削減

知り合いのお店の壁に張ってあった廃材をもらい受け、扉(フェンス)につくりかえました。パイプ等を通すための穴はそのまま残し、支えの脚を新たにつけ、白く塗装。お店を営業していない日は扉をアプローチの手前に、ついたてのように置いています。

扉には小さな棚をつくりつけ、鉢植えを飾っている。

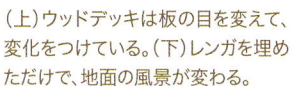

思うままに楽しむ

DIYを生かした小さな庭づくり

監修 有福 創 ありふく はじめ

ガーデンデザイナー。植物が好きでホームセンターや園芸店のガーデナーとして経験を積んだ後、2006年にガーデンの設計・施工・植栽を行う「アトリエ朴」を設立。ナチュラルでありながら現代的なセンスもあるガーデンデザインに定評がある。「国際バラとガーデニングショウ」や「丸の内仲通りガーデンコンテスト」で大賞を受賞。自治体の緑化プロジェクトや、エクステリアやガーデニングのプロを育てる専門校の講師なども務めている。JAG（ジャパンガーデンデザイナーズ協会）理事。

施工指導協力 小林 篤
植栽協力 若松則子
特別協力 橋本景子　齋藤京子　青木真理子
田代吉宏　長野千絵（イラスト：P44、P55、P61）
ドイト与野店　ドイト花ノ木与野店
実野里フェイバリットガーデン　タカショー

取材協力 野々山邦彦
横道結花理
福間重紀・玲子
徳生美佐子（garland）
亀甲ゆきな　中村いくよ
真下伊紀子（小さなパン工房・Osanpo）

編　集 マートル舎
篠藤ゆり　秋元けい子
撮　影 竹田正道
イラスト 梶村ともみ
デザイン 高橋美保
企画・編集 成美堂出版編集部

DIYを生かした 小さな庭づくり

監　修　有《あり》福《ふく》 創《はじめ》
発行者　深見公子
発行所　成美堂出版
〒162-8445　東京都新宿区新小川町1-7
電話(03)5206-8151　FAX(03)5206-8159
印　刷　凸版印刷株式会社

ISBN978-4-415-32244-5
落丁・乱丁などの不良本はお取り替えします
定価はカバーに表示してあります